# 젊은이의 행복학

# 젊은이의 행복학

김용해 지음

서광사

젊은이의 행복학

김용해 지음

펴낸이 — 김신혁, 이숙
펴낸곳 — 도서출판 서광사
출판등록일 — 1977. 6. 30.
출판등록번호 — 제 406-2006-000010호

(413-756) 경기도 파주시 교하읍 문발리 534-1
대표전화 · (031)955-4331 / 팩시밀리 · (031)955-4336
E-mail · phil6161@chol.com
http://www.seokwangsa.co.kr / http://www.seokwangsa.kr



제1판 제1쇄 펴낸날 · 2011년 04월 20일

ISBN 978-89-306-2553-1 93190

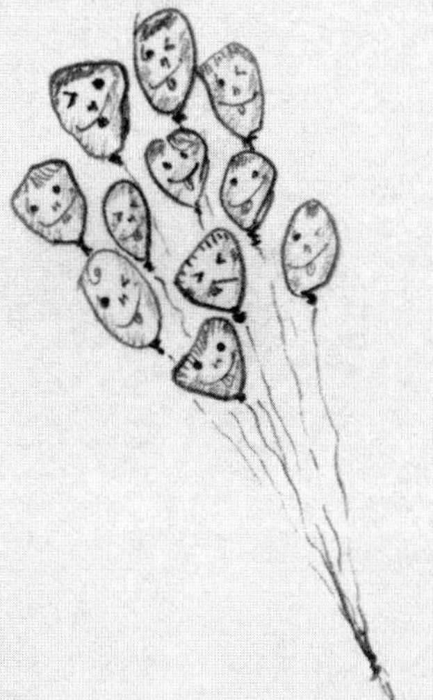

행복이란 거
기다릴 게 못 돼
5킬로만 빠지면
영어만 잘하면
시험에 합격하면
디카가 있으면
몇 월, 며칠이 되면
그가 내 곁에 있으면

……

이거 모두 허상이야
모두 이루어지면
정말 행복할까?
그냥 지금 행복하면 안 되나.
살이 좀 쪄 있어도
영어를 좀 못해도
시험에 떨어졌어도
디카가 없다 해도
그날이 아직 안 왔어도
설령 그가 내 곁을 떠나갔다 해도
그냥 지금 행복하면 안 되나.

아우구스티누스는 『고백록』에서 "나는 존재하고 인식하며 욕구한다. 즉 나는 인식하고 욕구하는 가운데 존재하고, 나는 존재하고 욕구한다는 사실을 인식하며, 나는 존재하고 인식하기를 욕구한다"라고 말하고 있다. 이 유명한 명제는 인간의 존재성(존재), 지성적 탐구(지성), 그리고 윤리적 실천(의지)이 한 인격 안에서 삼위일체적으로 발현되고 있음을 지시한다. 우리는 한평생 실존의 여정 속에서 지성을 통해 끊임없이 무엇인가를 찾고 발견하며 앎을 추구한다. 다른 한편 우리의 자유의지를 통해 더욱더 자유롭게 자신의 존재를 실현하려 한다. 지적 추구와 실천을 통해 한 인간은 자신이 속해 있는 사회 · 문화적, 역사적 맥락의 구조와 운행을 배우고 적응하면서, 또한 때때로 이런 맥락을 변화시키면서 자신에게 최적의, 최고의 행복을 지향한다. 인간이 타인, 자연, 그리고 절대적 존재와 관계를 맺고 살아야 하는 존재라면 인생 전체를 조망하며 어떻게 사는 것이 참 행복의 길인지를 고민하지 않을 수가 없다.

『젊은이의 행복학』은 젊은이가 삶의 목적인 행복을 찾아 나가는 데 반드시 숙고해 보아야 하는 주제들로 초대한다. 1부 '행복의 주체'에서는 행복이 각 개인의 '심리적 안녕감(psychological well-being)'이라는 점에 근거하여 행복의 주체인 젊은이 자신을 성찰한다. 젊음과 인생설계, 지성인, 덕과 수양 등에 관한 문제를 인간학, 심리학, 그리고 윤리학적 관점에서 다룰 것이다. 2부 '윤리의 기본원리'에서는 행복을 객관적으로 추구하면서 피할 수 없는 선과 악, 쾌락과 실재, 정의 문제, 신념과 양심 등의 윤리학적 근본개념을 살피고 그 근거를 정초한다. 3부 '어울려 창조하는 행복'에서는 한 개인의 실존을 구성하는 타자, 사회, 자연이라는 맥락을 이해하고 관계를 어떻게 발전시킬 것인지를 논의한다. 사회와 공동체, 인격적 관계, 성과 결혼, 세대 간의 갈등과 조화, 자연 생태계 문제를 연구할 것이다. 마지막으로 4부에서는 '자아실현과 자기완성'이라는 주제로 직업과 노동, 예술과 여가, 종교와 영성, 죽음과 완성의 문제를 살핀다.

필자는 아름다운 청춘을 보내는 젊은이들과 소통하고 함께 고민하면서, 각자 가지고 있는 소중한 가능성을 한껏 펼쳐 나가도록 돕고 싶었다. 대학에서 '인격과 공동선', '젊은이의 행복학', '결혼준비 특강', '인간학' 등의 과목을 강의하면서 젊은이들과 함께한 경험과 최근 학회지에 발표한 연구논문들을 종합하면서 큰 틀의 「윤리학적 인간학」을 완성하게 되었다. 젊은이들에 대한 나의 사랑과 관심을 이 책을 통해 표현하게 되었어도 이제 첫걸음에 불과하다. 계속해서 인생과 행복을 다루는 내용이 더 심화될 수 있도록 젊은 독자들의 참여와 나눔을 기대한다.

끝으로 이 책에 재미있는 그림과 함께 글을 선물해 준 서강대학교 교목사제인 배영길 신부님께 감사드린다. 아울러, 기본 아이디어를 적극 격려하시고 원고 완성을 위해 인내롭게 독려해 주신 서광사 김신혁 사장님께도 감사드린다.

2011년 3월

김용해

# 차례

**4부 자아실현과 자기완성**

## 1부

# 행복의 주체

이 공을
목표하는 곳까지
멀리 날려 보내기 위해선
먼저
천천히, 침착하게, 힘을 빼고,
부드럽게 리듬에 맞추어
스윙을 해야 한다더라.

골프만이겠는가
내 사는 모든 일에
이럴 수 있다면

인간 삶의 궁극적 목적이 있을까? 그것은 인간에게 무엇을 보장하는가? 이러한 질문은 모든 인간에게 던져서 공통적이고 보편적인 답을 얻을 수 있는 것인가? 아니면 개인적으로 각기 다른 답을 내려도 좋은 것인가?

인간 삶의 의미와 목적과 관련해서 생각해 볼 때 우리는 주관적 입장과 객관적 입장을 나누어서 살필 수 있을 것이다. 자기 자신을 절대화하여 마치 자신이 세상의 주인인 것처럼 사는 사람은 객관적 조건을 따지려 하지 않을 것이다. 반대로 모든 사람들이 추구하는 객관적 대상, 즉 부와 건강, 권력이나 명예만으로 자신의 가치를 평가하는 사람은 개성이나 취미를 가치 있게 바라보지 않을 것이다. 2002년 영국의 심리학자 로스웰(C. Rothwell)과 인생상담사

코언(P. Cohen)은 18년 동안 1000명을 상대로 80가지 상황을 연구하여 '행복공식'을 발표했는데, 그들은 인간의 행복조건으로 세 가지를 들었다. 인생관, 적응력, 유연성 등 개인적 특성(personality), 건강, 돈, 인간관계 등 생존조건(existence), 야망, 자존감, 기대감, 유머 등 고차원 상태(higher order)가 바로 그것이다. 여기서 확인할 수 있는 것은 개인적 특성은 주관적 입장에서 보아야 할 요소이고, 생존조건은 주로 객관적 입장에서 살펴야 할 요소라는 사실이다. 고차원 상태로 분류한 정서들에는 개인적이면서 사회적이고 또한 객관적인 요소가 혼합되어 있다는 것을 알 수 있다.

우리는 무엇보다 행복을 추구하는 주체로서 나의 능력과 덕성을 살피고(1부), 그다음 인간의 행위에서 선악, 쾌와 불쾌, 정의 등 객관적 상황을 '윤리의 기본원리'라는 주제로 생각해 보기로 한다(2부). 더 나아가 나와 너의 관계적 차원, 그리고 일반화된 너의 개념인 '사회'라는 차원에서 행복을 결정짓는 요소들을 살필 것이다(3부). 마지막으로 이 모든 것이 종합되고 응용되는 차원에서 자아실현과 자기완성을 다룰 것이다(4부).

# 1장 젊음과 인생설계

## 1. 젊음의 인간학적 이해

인간은 난소와 정자가 결합해 생명체로 수정된 순간부터 시작해 사망할 때까지 끊임없이 성장, 발달, 그리고 쇠퇴의 과정 속에서 변화되어 간다. 인간은 이성적 동물로서 추상적 사고가 가능하기 때문에 과거를 반성할 수 있을 뿐 아니라 미래에 대해서도 예측할 수 있다. 대학 시절은 발달심리학자들의 분류로 보면 학자마다 다소 차이가 있지만 대체로 청년기(12~18세)에서 성인초기(18~35세)에 해당하는 시점에서 이뤄진다. 좀 더 좁혀 이야기하자면 대학 시절의 인간(18~25세)은 청년후기에서 성인초기를 보내고 있다. 청년기를 보내고 사회에 나가 직장을 얻고 배우자를 선택해 가정을 이뤄 나가며 시민으로서의 의무와 사회활동을 하는 일반 사람들과 달리, 대학생은 한편으로 청년기를 연장하고 다른 한편 성인초기의 삶을 동시에 살아가는 혼합형태의 과도기적 시절을 보낸다고 할 수 있다. 그러나 이 시기는 또래 집단의 모두에게 주어지는 것이 아닌 특권의 시기이다. 사회에 나가 직업을 구하고 자신의 능력을 발휘하며 사회에 공헌하고 가정을 이루며 자녀를 키우는 성인기를 준비하는 시기이기 때문에 아직 부모로부터, 국가사회로부터 여러모로 지원을 받으며 미래를 설계하고 그 기초를 닦는 시기이다.

이 시기에 수반하는 여러 변화와 도전들을 감지하고 인생의 전체 진행 행로를 염두에 둔다면 지금 내가 무엇을 추구하고 선택해야 할지 더욱 명확해질 것이고, 이를 통해 장기적인 시각에서 행복한 인간, 성공한 인간이 되도록 스스로 준비할 수 있을 것이다.

무엇보다 대학생, 청년후기의 젊은이는 자기 자신이 누구이고 장차 어떤 직업을 가질 것인지 심사숙고하며, 자아 정체성을 수립하기 위해 다양한 사회적 역할 및 성역할을 시험해 보고 준비한다. 이 모든 도전과 변화는 점차 자율적으로 추진되고, 따라서 자신의 행위에 대한 책임을 더욱 의식하게 되어 도덕성이 내면화되기도 한다. 아래에서 자율성의 신장, 자아 정체감의 발달, 성역할 정체감의 발달, 도덕성의 내면화, 그리고 직업선택 등의 발달과업들을 상세히 살펴보자.

#### 1) 자율성의 신장

이 시기의 젊은이들은 대학에 진학하고, 군에 입대하는 등 부모를 떠나서 생활하는 시간이 많아진다. 부모로부터 독립하기 위해서 필요한 기본기술들, 스스로 의식주를 책임지는 것이 가능해짐을 의미하기도 한다. 신체적 힘과 인내를 갖추고 사회적 관계를 맺을 수 있는 적절한 행동과 관행을 배운다. 부모에게 의존되어 있던 아동기와 청년초기, 그리고 자신이 부모와 유사하다고 생각해 부모에게 가까움을 느끼는 성인기와는 달리 부모에 대한 의존성이나 동일시보다는 자율과 독립에 대한 욕구가 훨씬 강하고 중요할 수밖에 없다. 이것은 필연적으로 본인에게나 부모에게나 강한 심리적 영향을 줄 수 있다. 그러나 여전히 부모에게 정서적으로 가까움을 느끼고 부모와 유사한 가치관을 갖는다. 부모에 대한 정서적, 경제적 의존상태에서 독립하기 위해서는 부모와 지속적으로 애정을 주고받으며 빈번한 의사소통을 유지하면서 부모의 지원과 지도에 대한 의존을 감소시켜야 한다. 이때 독립에서 오는 불안을 줄이기 위해 또래 집단을 중요하게 여기게 되고 그들의 지원, 우정, 그리고 그들이 서로 영향을 미치는 규준성은 큰 힘이 된다. 부모들은 이런 독립 시기의 자녀를 대할 때 반대감정 및 긍정과 부정의 양립상태(ambivalence)의 감정을 동시에 갖는다. 부모들은 금지나 제한을 감소시킴으로써 자녀들이 독립성을 획득하는 데 기여할 수 있다. 가족의 의사결정 과정에 이제 청년후기의 자녀들이 참여하도록 격려하고 행동의 한계를 설명하며 스스로 독립적인 사람으로 나아갈 결단을 내리도록 돕고, 결정한 것에 책임을 지도록 선도해야 한다. 타협하는 법도 가르쳐야 한다. 그래야만 청년들은 스스로를 독립적인 인격으로 지각하고 부모의 가치관을 신뢰하며 부모와 의사소통을 유지한다. 이 시기의 청년들은 부모와 이런 점에서 갈등이 있으면 이제 어엿한 지식인으로서 차분히 부모와 대화를 나누면서 자신의 견해를 피력하고 부모의 본래의 선한 의도를 수용하면서도 동시에 자신의 방식으로 생활을 규율하려는 자율적 공간을 확보하기 위해 타협할 수 있을 것이다.

### 2) 자아 정체감의 발달

반성적 작용을 하는 인간을 포함하여 그 정도는 미미하지만 침팬지, 돌고래, 코끼리, 까마귀 등 고등동물은 '나(자아)' 라는 개념 또는 표상(이미지)을 가지고 사고하며, 이를 통하여 자신을 대상화하여 공동체 안에서의 자신의 역할을 정신 안에서 시연할 수 있다. 이런 자아개념을 갖는 '동물클럽' 의 개체만이 군집생활이 아닌 협업생활을 할 수 있다. 이에 반하여 발달심리학에서 말하는 자아개념(self-concept)이란 '나' 로서 간주할 수 있는 자기 자신의 특성을 의미한다. 신체적 특성은 물론 개인적 특성, 기술, 가치관, 과거 경험, 그리고 희망 등을 포함한다. 자아 존중감(self-esteem)이란 자아개념에 부여하는 가치로서 자기 가치감이라 할 수 있다. 자아개념이나 자아 존중감은 모두 수정이 가능하지만 특별한 노력 없이는 변화시키기 어렵다. 자아개념을 가지고 인간은 일생 동안 경험하는 기쁨과 고통의 균형을 조절하고 자아 존중감을 유지하며 효과적으로 대처할 수 있는 방식으로 경험을 조직한다. 실험결과에 의하면 우수한 청년집단은 그렇지 못한 집단보다 더 높은 수준의 자아개념을 지니며 교사가 자신을 바람직하게 본다고 믿고 있었다. 자아개념과 자아 존중감은 자기 자신에 대한 스스로의 판단에서 비롯되기 때문에 양심, 도덕성, 진실성에 따른 언행과 밀접하게 관계된다. 이 시기에 특별히 자아개념과 자아 존중감이 발달하는 것은 자율성을 기반으로 독립적 인격이 성장하는 것과 맥을 같이하는 것이고 인지 발달 과정에서 형식적 조작 능력(고도의 추상적 사고 능력)이 발전하는 것과 관계가 있다고 한다.

에릭슨(E. Erikson)은 정체감(identity)이란 '자기 자신의 독특성에 대해 비교적 안정된 느낌을 갖는 것으로서 행동, 사고 혹은 느낌이 변화할지라도 기본적으로 자신에게 친숙한 것으로서 내가 누구인지 아는 것이며 타인이 나를 보는 방식과 상응성이 있다'고 주장한다. 청년초기(중고등학생)의 젊은이는 자신의 신체 이미지에 대한 강한 관심과 또래 집단의 수용이나 인정을 중요시하기 때문에 정체감 확립에 관심이 없다가, 청년말기(대학생)에 이르면 신체적·성적 성숙, 그리고 추상적 사고 능력의 발달, 정서적 안정과 부모로부터의 어느 정도의 독립이 선행되어 정체감이 형성된다. 이때 형식적 조작 능력과 함께 다양한 역할 실험을 하게 된다. 대학생들은 방학 중에 부업을 가져 보기도 하고 전공학문에 회의도 느끼며 독서에 몰두하고 또한 백일몽을 꾸기도 한다. 결혼 문제, 이성과의 관계, 결혼 방식 등의 문제로 심사숙고한다. 특정 종교에 몰두하기도 하고 종교가 있는 경우 개종을 고려해 보며 도덕적 행동의 기본 원리에 의문을 제기하는 한편, 정치이론에 관심을 가지고 특정 정치집단을 옹호하는 등 여러 방식의 역할 실험은 이어진다. 한쪽으로 편향된 이데올로기나 단 하나의 동아리 활동이 이 시기의 다양한 실험을 방해할 수 있다는 것을 인식해야 한다.

### 3) 성역할 정체감의 발달

성역할 정체감이란 개인적 정체감의 독특한 측면으로서 사회가 그 성에 적절하다고 인정하는 특성이나 태도 혹은 흥미와 동일시하는 것을 의미한다. 온화함, 생명존중, 보호, 양육 등 여성성과 관련된 사회적 규범을 자신에게 동일시하는 사람은 여성적 성역할 정체감을 가진 것으로 간주되며, 남성성과 연관된 사회적 규범, 즉 공격성, 지배, 모험, 독립성 등을 동일시하는 사람은 남성적 성역할 정체감을 가졌다고 할 수 있다. 한 인간은 자기 안에 남성성(animus)과 여성성(anima)을 혼합해 양자를 갖는다. 성인기 초반에는 결혼, 출산, 양육 과정에서 생물학적 남성성과 여성성의 역할분담이 극대화되기 때문에 사회적 성역할도 남성적, 여성적 역할로 분화 · 발전되지만, 성인기 중반 이후에는 남성은 여성화의 경향으로 여성은 남성화의 경향으로 변화되는 갱년기를 맞이한다. 이것은 인간의 본성 안에 남성성과 여성성이 함께 있다는 강력한 근거이다. 자신 안에 잠재되어 있는 여성성과 남성성의 발현으로 전환기적 정서의 혼돈을 겪는 시기를 소위 갱년기로 부르는 것이다. 따라서 인간의 성숙과 안정은 이 두 성을 자기 안에서 어떻게 조화롭게 계발하느냐에 따라 이루어진다고 할 수 있다. 이를 양성성(androgyny) 이론이라 한다. 이 이론에 의하면 남성은 남성적이어야 하고, 여성은 여성적이어야 한다는 전통적 견해가 사실상 남성과 여성 모두에게 부정적인 심리적 결과를 초래한다. 여성적인 여성들은 높은 불안수준과 낮은 자아 존중감 그리고 낮은 자아수용의 경향을 지니며, 지극히 남성적인 남성들은 청년기 동안에는 잘 적응할 수 있으나, 성인이 되면 불안수준의 증가와 신경증적 경향 그리고 낮은 자아수용의 특징을 나타낸다. 대체로 강한 남성 성향을 갖는 소년과 강한 여성 성향을 지닌 소녀들은 일반지능이 낮았고 공간지각 능력도 저조했으며 호기심도 부족하다는 실험결과가 있다. 벰(S. Bem)은 전통적 성역할 기대는 개인의 성장을 제한하기 때문에 극복되어야 한다고 주장하며, 실험결과를 제시하면서 남성적 특성과 여성적 특성이 모두 강하다고 평가하는 양성적 집단(1위)이 남성적 집단(2위)과 여성적 집단(3위)보다, 그리고 미분화된 집단(4위)보다도 자아 존중감과 적응 능력에서 가장 우수하다고 해석하고 있다. 따라서 냉철한 이성과 따뜻한 감성의 조화, 대범함과 섬세함의 균형이 성장과 성숙에 중요하다는 사실을 확인할 수 있다.

한편 전통적 대학문화에서는 남녀 대학생들이 정체감을 형성하는 데에 각각 다른 과업과 다른 주안점을 가지고 있다고 분석하였다. 즉 남학생에게 정체감 확립을 위한 가장 중요한 과업은 직업을 선택하고 정치적 신념을 확립하는 것이며, 대학의 환경은 대체로 남학생들에게 좋은 영향을 끼치고 있는 것으로 드러난다. 이에 반해 여학생들에게 중요한 과업은 주로 배우자 선택, 혼전 성교의 문제, 그리고 종교에 대한 신념을 확립하는 것으로 남성과는 차이를 보이며, 대학의 환경이 이를 지지하지 못하는 경향이 있어 정체감의 혼란상태가 일어날 수 있음을 드러낸다. 그러나 최근 대학문화가 바뀌고 여성의 직업선택의 기회가 커지면서 직업선택이 여학생들의 정체감 형성에 중요한 요소로 나타나고 있다. 남학생들도 연애나 혼전 성교의 문제를 통해 보호자 또는 지배자로서의 정체감을 형성해 가는 것으로 보고되고 있다. 대학문화가 바람직한 대안적 문화로 거듭나려면 남성이 더 남성스러워지고, 여성이 더 여성스러워지는 젠더(gender)로서의 성 정체성을 획득하는 이분법적 분화로 나아가는 성적 구조를 심화시키는 것이 아니라, 개인의 선택과 자유가 보장되는 상상적 영역(imaginary domain)으로서 성 욕구를 계발하는 것이어야 한다(D. Cornell, 1993). 우리는 성과 관련하여 어떻게 한 인간이 자기중심에서 해방되어 이성인 타자와 더불어 행복한 세계의 구조를 만들어 가는지 별도의 장(10장)을 할애하여 살펴볼 것이다.

#### 4) 도덕성의 내면화

청년들은 아동기에 직면한 도덕적 문제보다 경험과 인식의 범위가 확대되면서 훨씬 더 복잡한 문제에 대한 도덕적 판단을 해야 한다. 콜버그(L. Kohlberg, 1964)는 도덕적 판단 능력을 세 수준으로 나누어, 전인습적 수준(4~10세), 인습적 수준(10~18세), 후기 인습적 수준(성인초기와 중기)으로 제시했다. 전인습적 수준에서는 외부적 결과와 권위적 인물의 힘을 중요시 여기며, 인습적 수준에서는 권위적 인물을 존경하고 기존의 규칙체계를 유지하는 것을 중요시하는 반면, 후기 인습적 수준에서는 상대적 원리에 따라 가치를 평가하고 개인적이면서 동시에 보편적인 도덕원리를 지향한다. 후기 인습적 수준의 도덕성으로 변화되는 청년기는 전통적 도덕원리에 대한 재평가가 다양한 참조집단과의 상호작용을 통해 상대성을 인식하면서 이루어진다. 도덕적 규칙의 탐색은 자아 정체감 형성 과정의 일부이기 때문에 정체감의 형성과 함께 확대된다. 도덕성 발달에 영향을 주는 요인들에는 부모, 또래 집단, 대중매체, 그리고 학교교육의 영향을 들 수 있다. 학교에서는 체계적이고 학술적인 도덕성 계발을 위해 교육을 할 수 있는데, 여기에는 여러 모델이 있다. 주입식 모델은 사회의 도덕적 가치관에 무조건 동조하는 것이 바람직하다고 가르친다. 명료화 모델은 가치의 상대성을 가르치고 학생들이 자신의 가치관을 인식하도록 하기 위한 교육방법으로서 토론과 훈련 과정에 자발적으로 참여하게 한다. 발달적 도덕교육 모델은 도덕적 딜레마 상황에 대해 토론하게 한다. 이것이 명료화 모델과 다른 것은 토론을 통해 높은 수준의 도덕적 추리가 가능하도록 학생들을 자극하는 데에 있다. 그러나 그 어떤 모델도 도덕적 판단 수준은 높일 수 있을지라도 좀 더 도덕적으로 행동하도록 하는 데에는 한계가 있다. 바람직한 도덕교육은 도덕적 판단 수준을 상승시킬 뿐만 아니라, 높은 수준의 도덕적 행동을 수행할 수 있도록 유도할 수 있어야 한다. 시간을 두고 스스로 경험하면서 항구적인 내적 태도로서의 윤리적 덕을 닦아 나가야 한다. 이에 관해서는 다음 장(3장)에서 더욱 상세히 다룰 것이다.

### 5) 직업선택

청년후기의 젊은이들이 달성해야 하는 가장 중요한 발달과업은 직업을 선택하는 것과 그에 따른 준비를 착실히 하는 것이다. 직업선택의 문제는 과거에는 가장인 남성들에게만 중요한 문제였지만, 최근에는 여성들에게도 중요성이 점차 증대해 가고 있다. 젊은이들은 직업선택에 따라 장차 60여 년의 긴 성인기의 생활방식이 결정될 것임을 의식하기 때문에 직업선택에 신중을 기하고, 만족스러운 직업을 선택하고 취득하기 위해 오랜 시간을 투자하며 노력한다.

수퍼(Donald Super, 1957)의 직업선택 과정에 의하면 14세부터 성인기까지 5단계를 포함하는데 이를 약술하면, ① 직업에 관한 개념 형성기(14~18세: 자아개념 속에 일하는 사람으로서의 자기상 확립), ② 좋아하는 직업을 세분화하는 단계(18~21세: 자기가 선택할 직업의 범위를 축소하고 거기에 상응하는 기술을 획득하기 위해 노력), ③ 직업의 수행 단계(21~24세: 훈련과 교육을 마치고 직업세계에 진입), ④ 안정화 단계(25세경: 적합성을 스스로 평가하고 정착), ⑤ 공고화 단계(35세 이상: 자신의 직업 안에서 능력을 인정받고 성공)가 있다. 현대에는 갈수록 직업훈련과 교육기간이 길어짐에 따라 연령은 수퍼의 나이구분보다 훨씬 늦춰야 할 것이다. 그러나 5단계의 과정은 유효하게 적용할 수 있다. 오늘날 모든 직종에서 전문지식을 요구하므로 대학과 대학원 과정에서 준비한 직업을 버리고 다른 직업을 찾는다는 것은 쉬운 일이 아닐 것이다. 다른 한편 노동시장의 유연화로 평생직장이라는 개념이 사라지고 비슷한 직종에서 경력을 쌓아 가며 전직하는 현상이 증가하고 있다. 따라서 복수 전공이나 다전공을 통해서 유사 직종에서 일할 가능성을 열어 두는 것도 고려할 만하다. 어느 분야의 리더로서의 꿈을 꾸는 대학생들은 이를 위한 기초자질을 키우는 인간관계 향상, 리더십, 의사소통 증진 프로그램 등 방식의 터득만이 아니라 철학, 사학, 종교학, 예술과 기초과학 등 인간의 심오한 지혜와 지식을 전승하는 학문에도 폭넓게 관심을 가져야 한다. 인문학과 기초과학은 상상력과 창조력을 키워 응용분야에서 사고의 깊이를 더해 줄 것이다.

이상으로 우리는 대학생 시절에 겪게 되는 발달심리학의 다섯 가지 과업을, 자율성의 신장, 자아 정체감의 발달, 성역할 정체감의 발달, 도덕성의 내면화, 그리고 직업선택으로 나누어 살펴보았다. 그러나 이 시기의 발달과업은 단순히 다섯 가지로 그치지 않고 개성에 따라, 발달 정도에 따라, 삶의 배경에 따라 수많은 과업이 다양하게 놓여 있을 수 있다. 따라서 대학생들은 가끔 자신의 삶을 성찰하며 대학생활을 영위하기 시작하면서 어떤 현실적인 갈등과 도전이 있는지 진지하게 물어야 한다. 그리고 가능하다면 친구들과 토론해 보고, 선배나 부모 세대들의 대학 시절의 경험은 어떠했는지 들어 보면서 미래를 준비하는 지혜를 발휘할 수 있을 것이다.

## 2. 행복지수와 인생설계

젊은 대학생들은 앞에서 보았듯이 인생의 긴 행로에서 다섯 가지의 주요 발달과업을 수행하여 지성적, 정서적, 실천적 빼어남(덕)을 체득하는 시기를 보내고 있다. 누구나 경험하게 되는 이러한 발달심리적 과정은 자신의 가치관, 자신의 적성과 성격, 사회적 배경을 고려하여 미래에 어떤 인생을 살기를 갈망하는지, 더 구체적으로는 어떤 인생설계를 가지고 있는지에 따라 세부적으로 계발할 여지가 있다. 자신의 인생설계는 구체적으로 진행될 수밖에 없으므로 한편으로 자신의 길을 한계 짓는 일이 될 것이고 동시에 적극적으로 자신의 미래를 규정하는 일이 된다. 그래야만 생의 에너지를 특정한 방향으로 기획하고 투신할 수 있게 된다. 이 모든 노력은 결국 인간으로서 행복하고자 하는 갈망 때문에 가능하다. 인생을 잘 설계하기 위해서는 우선 나에게 행복이란 무엇인지 고민할 필요가 있다. 여기서는 릭켄(Friedo Ricken, 2003)에 따라 임마누엘 칸트, 존 롤스, 아리스토텔레스, 키케로의 행복론을 통해 행복의 본질을 파악해 보자.

### 1) 임마누엘 칸트(Immanuel Kant)

칸트에게 행복은 없앨 수 없는 필연적인 인간의 목적이다. 행복한 삶은 이성적이면서 유한한 모든 존재의 요구로서 필연적이다. 행복, 즉 자기(自己) 전 존재(全存在)에 대한 만족은 인간의 본래적인 소유물도, 자기만족의 자각이 전제된 지복상태도 아니며, 그것은 욕구하게 되기 때문에 그 유한한 본성을 통해서 자신에게 요구하는 문제이다(KpV, A 224). 칸트에 따르면 인간이 행복하기를 필연적으로 요구하는 존재라는 것을 이성 안의 사실로 인식하고 있기 때문에 나는 타인을 그 자체로 목적인 존재로 대해야 한다. 이성은 행복을 향한 질서 잡힌 타인의 노력이 정당함을 인정해야 한다. 이성은 인간이 욕구하는 존재이며 그 자체로 행복을 필연적으로 요구하고 있다는 사실을 간과해서는 안 된다. 칸트는 지복(Seligkeit)과 행복(Glück)을 구별하고 있는데, 지복은 모든 욕구해소를 통해 세상 안에서 얻게 되는 이성적 존재의 상태이지만, 행복은 이 세상에서는 완성하기가 어려운 욕구의 필연적 목적이다. 이런 의미에서 칸트의 행복은 첫째, 유토피아적 성격을 띤다. 인간이 고통, 병고, 실망, 한계체험을 삶 속에서 경험하고 있는 한 행복할 수 없다. 둘째로, 칸트의 행복은 우리 의지 밖의 어떤 것 안에 있다. 즉 우리의 행복은 우리의 행위에 달려 있지 않고 세계의 진행에 달려 있다. 따라서 수동적이다. 셋째로, 인간은 그를 진정으로 행복하게 만드는 것을, 어떤 근본법칙에 따라 완전한 확실성을 가지고 규정할 능력을 가지고 있지 않다. 왜냐하면 이를 위해서 모든 것을 알아야 하기 때문이다(GMS, B 46f.).

릭켄은 칸트의 행복개념에는 두 가지 문제점이 있다고 한다.

첫째, 어떤 사람이 오랜 인생을 산 후에 모든 갈망이 충족되었을 때에서야 비로소 행복하다고 말해야 한다는 것이다. 우리가 이러한 상태에 도달하지 못하는 한 우리는 행복하지 않다. 두 번째 문제점은 우리가 행복하게 되지 않고서는 갈망이 충족되지 않는다는 점이다. 우리는 어떤 특정한 목적에 도달하기 위해 수년 동안 노력한다. 그리고 우리가 그것에 도달하고 나면 우리는 의기소침해지고 공허해진다. 칸트에 따르면 우리 인생은 이러한 목적을 성취함으로써 의미를 잃어버린 것처럼 보인다. 릭켄은 이런 유토피아적 행복론에 반대하여, 우리가 미래에 행복하게 되는 것이 중요하지 않고, 지금 행복한 것이 중요하다고 주장한다.

### 2) 존 롤스(John Rawls)

롤스는 인생설계(life plan)라는 개념을 가지고 행복개념을 발전시킨다. 롤스는 관념주의자이자 실용주의자였던 로이스(Josiah Royce, 1855–1916) 사상에 의지하고 있는데, 로이스는 "인격이란 계획에 따른 인간생명으로 여길 수 있다"고 말한다. 인생설계를 할 수 있는 존재이기에 인간이 인격이고 존엄하다고 말할 수 있다는 의미다. 롤스는 "어떤 이의 이성적 계획들이 진보하고 있고, 중요한 목적에 도달하고 있으며, 충분한 근거로 이 형편 좋은 상황이 지속될 수 있음이 확실하다면 그는 행복하다. 사람이 행복에 도달했는지는 상황과 우연에 달려 있다"(『정의론』, 1971)라고 한다. 그의 행복개념은 세 가지 점을 지시한다. 첫째, 행복에 있어서 본성적(자연적) 욕구의 충족을 목적으로 다루고 있지 않음이 분명하다. 칸트와 마찬가지로 롤스는 우리가 행복을 발견하는 것은 우리 각자의 만족감과 불만족감에 달려 있지 않다고 보고, 그보다 자유의 계기 혹은 능력을 다한 투신 그리고 성취의 가능성을 더 강조한다. 그는 행복에 관한 형식의 다양성을 인정하고 이것은 재능과 외적 조건과 같은 전제 조건과 결합되어 있다고 본다. 둘째, 그에 따르면 행복에 대한 노력은 이기주의와 혼동해서는 안 되며 인생의 계획을 실현하는 것이 중요하다. 그에게 인생의 계획이란 사람이 이타적으로 타인의 복지를 위해 혹은 그 밖의 이상을 위해 투신하기 위한 계획을 세우는 것을 의미한다. 그는 그런 예로 영웅이나 성인들의 인생을 든다. 셋째, 칸트와 달리 그는 유토피아적인 행복개념을 주장하고 있지 않다. 그는 자기만족(Autarkie) 개념을 가지고 해석한다. 자기만족은 모든 사유가능하고 잠재적인 갈망은 채워질 것이라는 것을 의미하지 않는다. 그것은 실현 불가능한 목적이다. 행복하기 위해 우리에게 필요한 것은 인생계획에 의해 규정되고 제한된다. 우리는 우리의 인생설계를 실현하는 데 성공한 만큼 행복하다.

그러나 롤스에게도 행복이 본성적 욕구의 충족은 아니더라도, 칸트와 비슷하게 자유, 재능과 관련된 정신적 욕구의 충족을 목적으로 삼고 있는 과정이다. 과정은 목적 때문에 존재하고 그 가치는 목적에서 얻는다. 그러나 목적에 도달하고 나면 과정은 끝나고 만다. 나는 목적을 성취하기 위해서 모든 것을 행해야 한다. 왜냐하면 이 과정 안에 행복이 있으므로. 그러나 동시에 나는 그 목적에 도달해서는 안 된다. 왜냐하면 그것에 도달하자마자 과정은 종료되기 때문에.

### 3) 아리스토텔레스(Aristoteles)

아리스토텔레스는 위에서 논의한 행복개념을 수정할 수 있는 두 가지 관점을 가지고 있다. 첫째, 아리스토텔레스의 행복은 종합적인 것이다. 그것은 하나의 선 혹은 하나의 목적의 성취에 있지 않고, 그 자체로 선택할 가치가 있는 많은 선들의 전체에 있다. 타인과의 성공적 관계로서의 공동체, 건강, 타인에 의한 인정, 창조적인 일, 미학적인 체험과 자연체험 등이 그것이다. 인생설계라고 하는 것은 이 전체 틀 안에서 각각의 선들에 서로 다른 무게를 주는 것이라고 할 수 있다. 둘째, 아리스토텔레스는 현재적이고 능동적인 행복개념을 주장한다. 이것은 욕구의 충족으로 보는 행복론에 반대하는 입장이다. 그는 행복을 생명성취의 방식, 다시 말해 에네르기아(energeia), 즉 현실태적인 힘으로 이해한다. 과정(kinesis)과 달리 현실태적인 힘은 그것으로의 도달이 종료와 일치하는, 자기와 구별된 어떤 목적에 관계하는 것이 아니고, 그 자체가 목적이다. 우리는 음악을 듣거나 예술품을 감상할 때 그 행위 자체를 목적으로 삼는데, 그것은 그 행위 자체가 우리가 추구할 만한 가치가 있고 그것이 곧 행복감을 주는 것이기 때문이다. 이런 행위는 자기 안에 자기의 의미를 갖는다. 그것은 자기 자신 때문에 완성되며 미래의 욕구충족에 봉사하는 것이 아니다. 칸트의 수동적인 행복개념과 달리 아리스토텔레스에게 행복은 물론 전적으로는 아니지만 커다란 비중이 우리의 행위에 달려 있다. 행복은 현재적 참여에 있다. 우리는 우리 자신의 일, 우리의 소질의 계발, 우리 능력의 활동, 윤리적 행위, 우리에게 능력을 주며 어려운 삶의 상황도 극복하도록 만드는 삶에 대한 이해를 통해서 행복하게 된다.

#### 4) 키케로(Cicero)

인격(person)은 라틴어 페르소나(persona)에서 온 말로 원래 연극 용어인데 '가면'이라는 뜻이다. 이 개념은 '가면'으로부터 시작하여, 우선 배우의 역할로, 더 나아가 사회에서 한 사람이 행하는 역할들로 전의되었다. 첫째, 역할은 본성적으로 주어진다. 그것은 인간이라면 지니게 되는 이성적 본성, 즉 모든 다른 것을 위한 윤리적 이성 능력을 지닌 주체로서의 역할이다. 둘째, 역할은 개인에게 본성적으로 주어진 개별적 특질로서 사회에서 여러 역할로 분화되어 나타난다. 셋째, 역할은 우연적인 외부 작용, 특히 우리가 살고 있는 출생신분, 공직, 영향력, 부 등 사회적 상황에 의해 규정된다. 넷째, 역할은 우리가 스스로 선택하는 것, 고유한 생활형식이다. 롤스와 아리스토텔레스의 행복개념은 키케로의 네 가지 인격개념을 통해 두 가지 점에서 보충할 수 있다. 첫째, 키케로는 롤스와 같이 인생설계 혹은 인생형식의 선택을 강조하는데, 그러나 이 선택이 서로 상응해서 이루어져야 할, 우리 본성에 주어진 조건과 외적으로 우연히 주어진 조건들을 분명히 한다. 둘째, 아리스토텔레스와 같이 우리는 현재적인 행복개념을 갖는다. 행복은 자기 안에 그것의 의미를 갖고 있는 생활형태이다. 아리스토텔레스와 달리 키케로는 이 생활형식이 무한히 다양하다는 것을 분명히 하고 있다. 이성적 본성을 통해 주어진 도덕법칙은 프로크루스테스의 침대가 아니라, 개인들 모두가 그 안에서 계발할 수 있는 더욱 큰 틀이다. 자신의 개체성에 대한 의무는 본성적으로 인간의 사회적 본성에 의해 주어진 사회적 틀(맥락)과 깊이 관련되어 있다.

위에서 논의한 철학자들의 행복개념에서 키케로가 우리의 생활 직관을 가장 폭넓게 수용한 행복론을 전개하고 있음을 살펴보았다. 행복이란 선택과 결정을 내려 행동으로 옮기는 이성적 존재에게 가능한, 충족되어 기쁨에 넘치는 생명상태라 할 수 있다. 그 자체로 좋은, 쾌감을 주는 상태만을 추구하면 쾌락주의자가 될 것이다. 그러나 결과적으로도 육체적이면서 정신적이고, 개인적이면서 사회적인 인간생명성을 더 확대하고 더 조화롭게 진행할 때 비로소 더 큰 행복을 얻을 것이다. 또한 행복은 각자의 능력과 재능, 특질에 따라 다른 생활양식을 기초로 나타나기에 다양하고 개성적이며 주관적인 측면이 있다. 대다수 사람들이 원하는 한정된 상태 또는 제한된 생활양식에서만 가능한 것이 아니라는 이야기이다. 객관적으로 선망하는 삶의 패턴을 살아가면서도 자기 삶에 대한 기쁨이나 신념에서 우러나오는 성취감이 없다면 그것은 강요된 삶일 뿐이다. 또한 행복은 현재 진행되는 만족과 기쁨으로 표현되므로 지금 여기서의 행복을 실제로 느끼고 감사하며 더욱 노력하고자 하는 의지를 키우는 태도에서 더 커진다. 행복의 조건보다는 행복을 느낄 수 있는 감성이 더 중요할 수 있는 것은 바로 이런 이유 때문이다.

### 참고문헌


- D. Cornell, *Transformations: Recollective Imagination and Sexual Difference*, 1997.
- F. Ricken, *Allgemeine Ethik*, 2003(김용해 역, 『일반윤리학』, 2006).
- 장휘숙, 『발달심리학』, 1987.

# 2장 지성인: 이론과 실천의 합일

## 1. 지성인, 지식인

'지성인' 의 사전적 의미는 첫째, 지성을 가진 사람, 둘째, '호모 사피엔스' 를 지칭하는 말로 인간이 다른 종과 비교해 특별한 지성작용을 가지고 있음을 뜻하기도 한다. 교수와 학생을 포함한 대학인을 가리켜 지성인이라 부르는 것은 첫 번째 의미와 관련되며, 이는 육체노동자와 상대되는 의미로 정신노동자, 혹은 지식인과 동의어로 쓰인다. '지성인' 을 인텔리겐치아(intelligentsia), 혹은 줄여 인텔리, 지식계급이라 부르기도 한다. 따라서 지성인은 일반적으로 지성을 주로 사용하거나 정신적 능력과 관련된 고상한 취미를 가진 사람(intellectual)으로, 손을 주로 사용하는 사람(manuel)과 구별되고, 넓은 의미로 지적, 창조적 일에 종사하는 사람을 일컫는다. 즉, 철학자, 작가, 예술가, 과학자 등 소수의 엘리트만이 아니라 지적 활동에 종사하는 교육자, 의사, 법률가, 기사, 행정관리, 장교, 성직자 등 '펜과 종이'로 상징되는 일을 하는 사람들을 말한다. 이런 의미의 지성인은 지식인과 동의어로 쓰인다.

그러나 지성인을 지식인과 구별해 쓰는 경우도 있다. 부정적인 뜻으로 자신들을 귀족계급처럼 여기고 도서관이나 실험실에서 지내며 초인계열에 올리려 하지만 그저 상대적 가치밖에 없는 존재라는 의미의 지식인은 사회와 역사 안에서 자기의 위치와 역할을 자각하고, 창조적인 일로 사회변화를 주도하고 현실에 참여해 진리를 찾고 판정하며 살아가는 사람으로서의 지성인과 구별된다. 프랑스 철학자 무니에(E. Mounier)는 이런 의미에서 지성인의 사명은 성직과 같다고 표현했다. 제정러시아 시대의 지성인이나 2차 대전 말미, 즉 1944, 45년 유럽의 지성인들은 현실에 참여하고 사회를 변혁하는 데 역할을 해야 한다는 자각을 갖기도 했다. 우리 민족도 일제 점령기에 훌륭한 민족지성인들의 역할로 망명정부를 수립하고 독립군을 양성하는 한편, 국내에서는 교육운동을 통해 민중의 의식을 계발했던 체험을 가지고 있다. 또한 인권이 유린되고 사회정의가 실현되지 않았던 1960~80년대 군사독재 정부하에서 민주주의와 정의를 위해 자신을 희생한 지성인도 우리는 알고 있다. 지성인들은 지식 정보를 이론적으로 취합, 분석, 판정하는 것에 그치지 않고 시대의 소리를 알아듣고 자신의 역할을 인식해 참여와 실천으로 나아가고 역사적 소명과 책임을 다하려는 사람들이다. 소크라테스는 현자, 즉 옳음이 무엇인지를 아는 사람은 옳은 것을 행할 것이라는 의미에서 지식과 덕은 하나라고 생각한다. 그러나 아리스토텔레스는 우리 마음(영혼)의 비합리적인 부분 때문에 나쁜 줄 알면서도 행하는 경우가 있다면서 지식과 덕을 동일시하는 것을 비판한다. 알고 있으면서도 실천하지 않는 사람은 지식인으로 일컬을 수 있을지 몰라도 지성인이라고 일컬을 수는 없을 것이다. 지식을 화려한 언어로 쏟아 내지만 자신의 행위와 태도가 이 지식의 진정성을 보증하지 못한다면 차라리 그 지식을 모르는 것이 더 나을 것이다. 이런 표리부동한 지식인들은 무식한 대중보다 사회에 훨씬 더 큰 폐해를 가져다준다.

## 2. 이론과 실천의 합일

훌륭한 경영자, 지도자는 이론(theory, theoria)과 실천(praxis)을 겸비해야 한다고 흔히 말해진다. 또한 위에서도 지성인은 결국 지성적 작업이 세계의 변혁에 이르도록 참여해야 한다고 했다. 원래 그리스어 theoria는 '직관', '봄', '인식'이라는 뜻을 지니는데, 어원적으로 동사 '테오레인(theorein: 직관하다, 인식하다)'에서 왔고, 이 동사는 다시 '테오로스(theoros: 보는 사람)'라는 명사에서 파생되었다고 한다. 테오로스는 그리스 도시국가 폴리스의 대표로 신전에 파견된 사람으로서 신에게 드리는 경신례에 참가하고 신탁을 듣는 사람을 뜻했다. 테오(Theo)가 라틴어의 데우스(Deus)가 됐고 이는 신을 뜻한다. 따라서 테오리아(theoria)란 신의 이성, 신적인 법칙을 인식하는 것, 신의 본질을 직관한다는 뜻에서 우주만물의 법칙, 사물의 이치라는 뜻으로 파생되었다. 따라서 이론이란 사태와 사물 안에 담겨 있는 근본적인 원리나 이치를 뜻한다.

실천이라는 뜻의 프락시스(praxis)는 '페라(pera: 초월해서, 계속해서, 저쪽에)'에서 '프라(pra)'를 가져온 'pratto, presso(나는 관통하다, 완전히 펼치다, 행하다)'라는 동사에서 파생된 명사이다. 아리스토텔레스에게 넓은 의미의 프락시스(praxis)는 테오리아(theoria)와 이론과 반대되는 실천인 프락시스(praxis)를 포괄하는 상위개념이다. 테오리아(theoria)는 프락시스(praxis)의 형상(법칙, 본질)이며, 이론의 프락시스(praxis)는 더 높은 차원의 실천이 된다. 아리스토텔레스는 최고의 존재이자 만물의 근원인 신을 '부동의 원동자(unmoved mover)'로 이해한다. 즉 신은 특별한 활동, 활동 자체, 즉 밖으로 향해서가 아니라 단지 자기 자신에게 관계하는 활동이고, 자기 자신 안에 머물면서 실행하는 활동으로서 자기 밖의 모든 것을 움직인다. 최상의 존재인 신은 어떤 것에도 영향을 받을 수 없고, 영향을 받아야 할 정도로 부족한 것이 없기 때문에 자체 안에 머물 수밖에 없으며, 그러나 활동 자체여서 모든 것을 변화하게 하는 원인이 되는 것이다. 진선미의 화신으로서의 한 존재를 생각해 본다면 자신은 타자로 하여금 어떤 영향을 받지 않지만 모든 타자가 그에게 매료되어 그를 갈망하고, 그를 추구하며, 그를 찬탄할 것이다. 그럼으로써 모든 이가 변화되어 어느덧 신으로 향한다. 그런 의미에서 자신은 타자에 의해 움직여지지 않지만 모든 운동의 원인이라는 의미의 부동의 동자가 곧 신이다. 아리스토텔레스의 이론과 실천의 관계를 정리하면 다음과 같다.

활동(praxis):

- 넓은 의미의 운동: 식물, 동물, 인간의 생명활동
  - 생물학적 생명기능
  - 인간의 실존실행(지성적 존재로서)
    - 생명과 형상(법칙)과 활동(theoria)①
    - 이론과 반대되는 의미의 외부로 지향된 활동으로서의 실천(praxis)②
      - 어떤 물리적 결과물이 없는 윤리적 행동
      - 일(poiesis): 어떤 결과물, 생산, 만듦, 건립

위의 도표에서 ①의 theoria와 ②의 praxis가 통합되어 지성적 존재로서의 인간실존의 활동, 실행이 이뤄짐을 알 수 있다. 이처럼 실천과 유리되어 있는 이론이 없고, 이론이 없는 행동은 인간의 실존행위라고 할 수 없다. 인류의 철학사, 문화사를 보면 시기에 따라, 혹은 사조나 학파에 따라 이론 또는 신비적 관상, 명상을 중요시하기도 하고, 반대로 세상의 변혁적 활동, 실천을 더 강조하기도 하는 이론 또는 운동이 있어 왔지만, 지성적 존재인 인간의 삶(실존) 안에는 항상 이론과 실천이 궁극적으로 일치되도록 정향되어

있다. 사실이나 진리를 찾아 나가고 과정이나 방법을 연구하는 학문을 철학분과에서 인식론이라 부르는데, 현대 인식론이 우리에게 시사하는 것은 주체인 내가 사물의 운동, 동물이나 인간의 활동에 참여하고 관찰하는 실천이 없이는 그것의 법칙 또는 원리를 찾을 수 없다는 점이다. 다른 한편 주체인 나에게 이미 사물을 인지하는 구조체계(언어나 상징체계), 즉 이론적 틀이 없으면 운동이나 현상을 경험할 수 없다. 경험은 언어나 상징체계 등 경험 이전의 인식 그물망과 대상으로부터 발생하는 현상이 만나는 것에서 발생한다. 더 나아가 관찰과 경험이 발생했다 하더라도 그것을 표현할 어떤 틀(색상, 상징, 언어 등)이 없으면 의사소통을 할 수 없으며, 이 표현된 진리진술이 참인지, 객관적인지 확인할 수도 없다. 그래서 훌륭한 과학적 방법은 ① 현상 관찰 → ② 이론화(가설이론) → ③ 적용(실천) → ①′ 재관찰(성찰, 반성) → ②′ 새로운 이론화 → ③′ 재적용(실천)으로 이어지는 순환 과정을 통해 점차 정교하게 실재를 파악하는 것으로 이루어진다.

지성인은 바로 이러한 맥락에서 테오리아(theoria)와 프락시스(praxis), 즉 이론과 실천을 조화시키는 존재이어야 한다. 지성인은 생산물을 만드는(poiesis) 데에 직접 종사하지는 않지만, 그러나 그것을 포함하여 모든 사건과 현상 안으로 들어가서 (실천적으로) 파악하고 분석하며 이론화해야 하는 것은 물론이고 지식과 정보를 다루는 일을 하는 사람으로서 또 다른 실천, 즉 윤리적 행동, 자기의 역할과 사명을 자각하고 성실하게 수행하는 실천을 잊어서는 안 될 것이다.

대학의 사명은 인간이 역사 안에서 축적한 지식을 이론화, 체계화하여(연구 기능) 미래의 주인공이 될 젊은이들을 교육하고(교육 기능), 더 나아가 사회의 갈등을 타개하고 미개척 영역에 정보와 지식을 제공함으로써(봉사 기능) 국가사회가 발전하도록 하는 데 있다. 그런데 교육이라는 것은 그저 체계화되어 있는 지식, 정보(텍스트)를 가르치는 것에 그치는 것이 아니고, 그 지식, 정보가 발생한 역사적, 사회적 맥락이나 배경(콘텍스트)까지도 설명해야 한다. 그래야 응용가능한 지식이 된다. 교육이 텍스트와 콘텍스트를 아우르기 위해서 학생들도 단지 강의실에서 지식습득을 위한 훈련을 하는 것에 그쳐서는 안 되고, 사회경제적 현상 속에서 지식과 이론이 어떻게 작용하고, 어떤 한계를 지니고 있는지 현장실습 및 사회체험을 통해 관찰해야 한다. 오늘날 유행하고 있는 대학생들의 사회봉사활동은 이런 사회경제적 맥락을 파악하고 이해할 수 있는 중요한 체험이 될 수 있기 때문에 의미가 크다. 교육은 기초적인 텍스트를 습득하고 그 배경인 콘텍스트를 이해하는 것을 기초로 하여 더 나아가 새로운 세계, 새로운 비전을 창조할 수 있는 통합과 창조 능력을 길러 줄 때 완성된다. 이를 위해서 예비 지성인인 대학생은 고전을 통해 기존 지식의 습득은 물론, 이런 지식이 실제 생활에 어느 정도 유용하고, 유효한지 사회적 배경을 체험하고, 더 나아가 실천적 이성을 통해 더 좋은 세계를 꿈꾸고 비전을 찾아 나서는 데 소홀해서는 안 된다. 이런 꿈 안에는 지식의 혜택을 받지 못하는 이들, 가난한 이들, 제도에 의해 소외되고 매장되어 있는 이들과 더불어 행복하고 정의로운 사회를 만드는 과업이 포함되어야 한다. '정의'의 개념과 정당성에 관해서는 다음의 장(6장)에서 상세히 다룰 것이다. 대학생활을 온통 취직이나 각종 고시 시험 준비를 위해 기존의 지식만을 무비판적으로 습득하는 데 허비해야 하는 오늘의 교육문화 현실은 이런 의미에서 비판되어야 하고 개선이 필요하다. 누구에게 의존하는 것에서 벗어나 독립적으로 사고하고 실천하려는 예비 지성인인 대학생은 스스로 이론과 실천을 조화시키고, 기존의 지식을 비판적으로 수용하면서 새로운 대안을 염두에 둘 때, 자신의 행복은 물론 전체 인류의 평화와 행복에 기여하게 될 것이다.

### 참고문헌


- 루이 보댕, 『지성인』, 민희식 역, 1969.
- 아리스토텔레스, 『니코마코스 윤리학』, 최명관 역, 1984.

# 3장 덕과 수양

아리스토텔레스에 의하면 행복은 인간의 이성 능력이 가장 훌륭한 상태에서 수행하는 활동이라고 한다. 즉 사고 기능과 의지 기능이 식물, 동물과는 다른 인간의 고유한 기능이라 한다면 인간의 덕(arete)이란 바로 이성적 기능의 훌륭한(좋은) 활동 능력을 말한다. 이성적 덕이 없으면 그에 반항하는 욕망과 감정 때문에 자제력을 상실하고 실제로 올바른 판단력에 따라 행동하기 어렵게 된다. 자제력을 잃지 않고 제대로 이성과 감정의 조화를 발휘하는 사람 역시 그와 같은 갈등을 경험하지만 그의 경우는 수양이 적은 사람과 달리 그의 의지가 마침내 이성에 복종하는 방향으로 나아간다. 마치 어린이가 아버지의 말을, 한 친구가 다른 친구의 충고를 받아들이듯이, 이성의 가르침과 지시에 따를 수 있다. 아리스토텔레스는 이성의 사고 능력과 의지 능력의 구별에 상응해 지성적 덕과 윤리적 덕을 구별한다. 덕론과 수양에 관한 논의는 인간의 영혼을 식물학, 동물학, 인간학적 관점에서 가장 상세히 다룬 최초의 학자인 아리스토텔레스 철학을 중심으로 진행하려 한다.

## 1. 윤리적 덕

'윤리적(ethikos)' 이란 말은 에토스(ethos)에서 왔으며 성격(Charakter)으로도 번역할 수 있다. 아리스토텔레스의 『에우데모스 윤리학』은 에토스를 영혼의 비이성적 기능의 특성으로 정의하며, 이것은 그러나 영혼의 이성적 기능에 복종하는 능력을 가진 것으로 본다(『에우데모스 윤리학』 제2권 제2장). 에토스는 어원적으로 '습관', '풍습', '관계' 등과 관련되어 있다. 이 말 안에서 윤리적 덕의 근원에 대한 암시를 발견할 수 있다. 그것은 인간에게 자연적으로 주어진 것이 아니라 습관을 통해 개발하고 발전시키는 것임을 말한다. 윤리적 덕은 오직 반복된 연습을 통해서만 습득할 수 있는 기술과 비교할 수 있다. 정의롭거나 용감하게 되기 위해서는 우리는 정의와 용기가 무엇인지 이론적으로 파악하는 데 그치는 것이 아니라 실제로 행동하면서 터득해야 한다. 아리스토텔레스는 『니코마코스 윤리학』에서 어떻게 윤리적 덕을 찾을 수 있는지를 중용이론으로 제시한다. 즉 우리는 두려운 사태를 직면하여 비겁과 만용의 감정상태를 양극단으로 경험하는데, 이 양자의 중간인 용기를 찾는 것이 중용을 유지하며 감정의 조화를 이루는 것이다. 또 재물과 관련해서 낭비벽이 심한 정서와 인색함의 정서가 양 극단으로 있는데, 그 중간인 관대함으로 나가야 한다는 것이다. 인간은 실제로 사태에 직면하여 행위 전에 감정의 흐름을 반성하고, 또 행위 후에 감정의 변화를 파악하는 등 실제 경험을 통해서만 항구한 내적 태도로 절제, 용기, 관대함 등의 덕을 서서히 체득한다. 한편 윤리적 덕은 자율적 개인의 과제이기는 하지만 그것은 교육과 풍습, 법제도를 통해서 강조되고 발전될 수 있다(『니코마코스 윤리학』 제2권 제1장; 제10권 제10장).

그렇다면 윤리적 덕은 결국 습관의 차원으로 강등되고 교육받은 대로 행동하는 수동적, 보수적 윤리로 가는 것을 의미하는가? 『니코마코스 윤리학』 제2권 제3장에서 아리스토텔레스는 기술과의 비교를 통해 이를 해명해 준다. 도제는 장인의 기술을 모방하면서 배우지만 그 기술을 완벽하게 구사하면서 자기 자신의 스타일을 개발했을 때 비로소 독립된 예술가가 된다. 윤리적 덕의 경우 합법적 행동과 윤리적 행위를 구별할 수 있다. 전자는 외부로 나타나는 행동 기준에 의거해 판단하지만, 후자는 행위자의 마음상태가 결정적이다. 윤리적 행위를 위해서는 첫째, 행위자가 자신의 행위는 윤리적으로 옳다는 것을 알아야 하고, 둘째로, 그는 그의 행위를 그 자체 때문에 행하려 하며(그 행위가 윤리적으로 옳다는 바로 그 이유 때문에 실천하기로 결정), 셋째로, 그 행위를 가끔 행하는 것이 아니라 제2의 천성으로 행해야 한다. 따라서 윤리적 행위를 하기 위해서는 윤리적 덕, 즉 지성과 감정을 조화시키는 가운데 극단을 선택하지 않고 중용적인 것을 욕구하는 내적 태도뿐 아니라 무엇이 옳고 무엇이 유용한지를 판단할 수 있는 지성적 덕이 필요하다. 덕을 갖춘 사람이 자율적이라고 하는 것은 그 스스로가 선이 무엇인가에 대한 판단력을 소유하고 있으며, 또한 자기가 내린 결정에 책임질 수 있다는 의미에서 그러하다. 다음으로는 지성적 덕을 알아보자.

## 2. 지성적 덕

『니코마코스 윤리학』 제6권의 중심 주제는 '프로네시스(phronesis)'로서 '현명함', '윤리적 인식', '윤리적 지혜', '실천적 이성'이라 해석할 수 있다. 제6권 제2장 이하에서 로고스를 가진 정신 능력을 한편으로 필연적 존재를 파악하는 것으로, 다른 한편으로 우연적 존재를 파악하는 것으로 나누고, 이들에게 5가지 덕들을 배당한다. 이를 통해 아리스토텔레스는 이성과 인식현상이 다양함을 암시하고 있다. 제6권이 로고스, 즉 정신적 능력의 전체적인 모습을 탐구하는 이유는 필연적 존재에 대한 고찰이 행복의 조건에도 포함된다고 보기 때문이다.

지성적 능력(지성)의 두 가지 영역, 즉 필연적 존재와 우연적 존재에 대한 고찰 능력 모두가 지향하는 공통적인 것은 진리이다. 필연적 존재를 파악하기 위한 세부 능력으로 학문(episteme), 직관적 이성(nous), 그리고 지혜(sophia)가 있다. 여기서 학문이라 함은 증명을 사용하는 능력을 말한다. 더 이상 증명될 수 없으며 그 자체로서 자명하고 필연적인 원리들로부터 삼단논법을 통해 그것을 연역해 낼 때 우리는 한 사태나 상황을 인식한다고 말할 수 있다. 그런데 이런 연역적 증명은 원리들에 대한 귀납적 인식을 전제로 하는데, 이것은 직관적 이성의 과제이다. 직관적 이성이 반복된 관찰을 근거로 하여 한 사태가 필연적인 것임을 파악할 수 있다는 것은 귀납적 개념의 본질적 특성이다. 우리는 반복된 사태의 관찰을 통해 자신의 결론이 틀림이 없음을 자명하게 알게 된다. 소위 "아하!" 체험이 그것이다. 다시 말해 더 이상 어떤 근거나 논증이 필요 없는 자명한 이치를 파악하는 능력을 말한다. 아리스토텔레스가 하나의 정신의 작용을 이처럼 직관적 이성(nous)과 학문(episteme)으로 구별하는 것은 학문의 연역적 성격을 강조하려는 의도로 보인다. 지혜는 이 두 가지를 포함하면서 오직 최고의 완전한 존재에 대한 지식, 즉 항성들의 천계와 부동의 동자에 대한 지식을 얻는 능력을 말한다. 지혜를 통해 인간이 자신의 무상함을 깨닫게 되고 과대평가에 빠지지 않게 된다.

우연적 존재에 적용되는 지성적 덕들에는 제작술(기술=tekne, 예술)과 프로네시스(phronesis)가 해당된다. 이 두 가지 덕들의 구별은 생산활동과 윤리적 활동의 구별을 전제한다. 생산자는 어느 특정한 작품을 만드는데, 이것은 다른 재화들과 함께 또 하나의 재화를 의미하며, 이것 자체는 이것과 다른 어떤 목적을 위한 수단이 될 수 있다. 예컨대 구두 제작자는 구두라는 재화를 만들어 내는데, 구두는 발을 보호하고 품위 있는 옷차림과 어울리도록 하는 수단이 된다. 제작자 입장에서 제화 행위는 그 자체로 목적이지 않고 돈을 버는 것이 목적이다. 그러나 윤리적 행위가 목적으로 삼는 것은 좋은 삶 그 자체이며 이는 하나의 전체이다. 윤리적 행위자는 그의 모든 결정에서 자기 삶 전체를 염두에 두고, 또 다른 사람들을 고려해야 한다. 윤리적 행위가 우연적 사태 또는 존재를 목적으로 하지만 그렇다고 그 행위를 할 때 억견 또는 자기 고집만을 가진다고 할 수 없다. 우리는 윤리적 행위를 하기 전에 어떻게 하면 가장 효과적으로 우리의 목표에 도달할 수 있는지를 곰곰이 따지고 숙고한다(『니코마코스 윤리학』 제6권 제10장).

아리스토텔레스에게 윤리적 숙고(bouleusis: deliberation)는 필연적 존재를 파악하는 과제와 같이 행위의 순서나 세부적 과정이 본질을 통해 필연적으로 예정된 그런 과제에는 해당되지 않고, 그 실현 자체뿐만 아니라 목표 실현을 위한 방법과 규칙들이 필연적이지도 않고 예정하여 주어져 있지 않을 경우에 해당된다. "이행하기로 한 약속은 반드시 지켜야 한다"는 신념을 가지고 있는 사람은 그 약속 시간이 다가오자 우연히 발생한 어떤 새로운 사태를 고려하지 않고 약속의 대상을 유일한 선으로 간주하여 실행한다. 신약성서 10장 30절 이하에 나오는 착한 사마리아인의 비유처럼 이 사람은 약속이행이라는 신념 때문에 길에 쓰러져 숨져 가는 사람을 그냥 두고 간 레위 사람이나 사제가 될 수 있다. 윤리적 숙고에는 인간의 행복에 필요한 여러 선들을 고려하여 무엇이 그 상황에서 가장 중요한지를 식별하는 것이 전제되어 있다. 원래 양심(conscience)이라는 말의 뜻은 자신이 가지고 있는 기존의 지식(scientia)을 구체적 상황에 함께(con) 맞추어 보며 숙고하는 것을 의미한다. 양심, 즉 실천적 이성 혹은 윤리적 지혜란 숙고를 본질적인 행위로 갖는다.

이 윤리적 지혜(프로네시스)는 인간으로 하여금 올바른 윤리적 결정이나 올바른 행위가 무엇인가를 알게 해 주는 실천이성의 능력이다. 이 지혜의 본질적 특성을 보여 주는 숙고 과정에 대한 서술은 그것이 순수한 선험적 지식에 기초하는 것이 아님을 보여 준다. 그것은 많은 경험과 연륜을 전제로 하여 터득되는 것이다. 동시에 그것은 앞에서 본 윤리적 덕과 윤리적 실천과 관련된다. 실천을 위한 숙고는 어떤 원칙이나 목적을 전제하며, 이것은 오직 윤리적 선에 의해서만 인식된다. 이에 반해서 악덕의 본질은 특정한 욕구충족의 체험에 고착되어 매달리는 것이다. 윤리적 지혜의 업적과 성과는 지금 여기에서 개별적으로 올바른 행동이 무엇인가에 대한 인식이다. 그것은 『니코마코스 윤리학』 제6권 제12장 11443a35의 서술에 따르면, 경험에 기초하면서 논증적이며 여러 가지 경우를 비교 검토하는 실천적 숙고에 의해 단지 준비될 수 있을 뿐이다. 실천적 인식이 그것의 목표에 도달하는 것은 윤리적 지혜에 의존하는데, 직관적 이성이 학문적 인식에서 필연적 원리를 파악하는 것이라면, 실천적 인식에서는 개별적인 것들을 대상으로 한다. 실천적 인식을 위한 실천적 숙고가 맡아야 할 과제는 올바른 수단을 발견하는 것이다.

## 3. 관조적 삶과 실천

앞에서 보았듯이 행복은 인간의 영혼이 가장 탁월한 상태에서 자신의 잠재적 능력을 가장 완전히 실천할 때 발생하고, 또한 성공적으로 실현한 상태를 말한다. 행복을 야기하는 인간 능력의 가장 완전한 실천이 필연적으로 요구하는 본질적 특성은 그것이 지속적 활동이어야 하고, 만족감을 체험하게 하며, 외부적 상황의 조건들과 무관하게 수행되고, 오직 그 실천 자체를 목적으로 수행한다는 점이다. 이러한 특성들에 가장 완벽하게 상응하는 것은 관조적(이론적) 활동이다. 관조적 활동이란 가장 완전한 존재, 또는 신적인 존재, 혹은 가장 고상하고 아름다운 것들에 대한 지향, 관찰, 인지활동이다. 이것을 통해 인간은 자신이 본래 가지고 있는 초인적이며 신적인 능력을 발휘하고 실행에 옮긴다. 이 완전한 활동에 버금가는 다음 단계의 행복은 곧 윤리적 지혜(phronesis)와 윤리적 덕(ethical virtue)을 따라 사는 실천적 삶이다. 아리스토텔레스와 소위 지성주의 철학자들에 따르면 인간에게 관조적 삶을 가능케 하는 직관적 이성(nous)은 영혼의 다른 기능들처럼 육체의 형상이 아니다. 그것은 육체와 분리된 것으로 인간에 내재하는 신적인 것이며, 인간에게 고유한, 더 우월한 자기(self)로서 존재한다. 반면에 인간은 그가 육체와 영혼의 통일체인 한, 실천적인 삶을 산다.

관조적(이론적) 삶과 실천적 삶은 어떤 관계가 있는지를 살펴보자. 실천적 삶은 감정과 실천적 이성을 어떻게 조화시켜 여러 사태 중에 선택하고 결정하며 행동하느냐에 놓여 있다. 인간은 윤리적 결정을 앞두고 감정의 흐름을 느낀다. 영양 섭취와 번식의 욕구를 느끼고, 위험에 처했을 때 자신을 보호하고 자기를 보존하려 하고, 사회적 지위를 확보하고 정당한 요구를 관철하려 하며, 애정과 관심을 주고받으면서 감정의 흐름을 체험한다. 윤리적 덕의 과제와 기능은 여러 감정들 사이에서 조화를 이루는 것이며, 또 감정과 실천적 이성의 조화를 이루는 것이다. 조화된 상태를 식별하기 위해서 양극단적 감정을 피하고 중용의 원리를 이용한다. 비겁과 만용의 중간의 상태에서 용기라는 조화된 상태를 발견하게 된다. 용기, 절제, 관용, 정의와 같은 중용적 덕이 실현하는 행복은 한 개인의 차원에서는 인격의 통일성이다(『니코마코스 윤리학』 제9권 제4장). 도덕적으로 건전하지 못한 사람은 자기와의 내적인 분열과 불화상태에서 산다. 윤리적으로 선한 사람은 감정들이 서로 조화로운 상태에 있기 때문에 그는 자신을 사랑하고 자신의 삶을 긍정하며, 자신의 과거와 미래에 단절되지 않은 관계를 가진다. 그의 인격이 가지는 감정적 통일성과 항상성은 그로 하여금 자신의 행동을 위한 결정을 내릴 수 있게 하고 또 자기의 결정에 시종일관 투신할 수 있게 한다. 다른 사람들과 함께 공동체 안에서 살지 않고서는 인간은 행복할 수 없다. 공동체는 생명을 유지하기 위한 협력이 가능한 곳으로서 구성원을 위해 유용성의 목적을 갖는다. 또한 인간은 본질적으로 다른 사람들과 함께 살도록 만들어진 존재이다(『니코마코스 윤리학』 제9권 제9장). 다른 사람들과의 공동생활에 성공적으로 참여하지 않고서는 행복은 없다. 공동체는 정의와 우애를 통해 유지되며 이 둘은 윤리적 덕 없이는 불가능하다. 윤리적 덕은 사회적 측면을 가지기 때문이다. 비이성적 충동에 이끌리는 사람은 자신에게

뿐 아니라 동시에 다른 사람에게도 해를 입힌다. 덕은 그것이 인간 공동체에 도움을 주거나 이익이 될 때 비로소 완전한 덕이다. 사려와 분별이 있는 사람은 다른 사람들의 부부관계를 존중하며, 용감한 사람이 위험을 감수하는 것은 국가를 위해서이다. 윤리적으로 선한 사람들 사이의 완전한 우정에서 상대에 대한 호의는 유용도, 나에 대한 유쾌함의 선사도 아닌 오직 상대자 자신을 위해서 발휘된다. 물론 쾌락주의자들이 지적하듯이 우정의 시작은 친구로부터의 원조에 대한 기대, 유용성, 자신의 쾌감증대에서 비롯될 수 있다. 그러나 우정은 자신의 이익을 훨씬 뛰어넘어 이타적 성향으로까지 나아간다. 성격이 비슷하고 항상 유익을 베푸는 사람에게 우리는 마음을 개방하고 호감을 갖으며 우정을 키워 간다. 자기 자신에 대해서 동일성을 유지하는 사람만이 다른 사람들과의 지속적인 관계를 성공적으로 유지할 수 있다. 알코올 중독자나 우울증을 앓고 있는 부모가 어린 자녀를 대하는 태도가 상황에 따라 사뭇 다를 경우 관계의 불안정성 때문에 깊은 관계를 맺지 못하는 것은 이를 시사한다. 선한 사람들 사이의 우정은 그 자체로서 본질적으로 일반적 정의와 특수적 정의 모두를 포함하지만 동시에 두 가지 형태의 정의 그 이상이다. 우정의 실현은 매일의 삶을 함께 나누고 서로의 교제에서 기쁨을 체험할 때에만 가능하다. 우리는 완전한 활동과 실천으로서의 행복은 다른 사람들 없이는 불가능하다는 점을 늘 염두에 두어야 한다.

이제 정신의 관조적 삶과 육체와 결합된 실천적 삶의 상호관계를 더 깊이 숙고해 보자. 윤리적 덕이 수행해야 할 과제는 비윤리적 재화나 가치들의 올바른 사용이며, 이 사용의 올바름 여부는 특정한 목적의 관점으로부터 측정된다. "자연적 가치나 재물들, 그것이 육체적인 것이든, 아니면 돈이나 친구, 또는 다른 어떤 재화를 획득하건 선택하건 간에 이들 중에서 신에게 속하는 관조적 태도를 가장 훌륭하게 실현하는 바로 그것이야말로 가장 훌륭한 것이며, 이것이 또한 가치판단의 가장 아름다운 척도이다"(『니코마코스 윤리학』 제6권 제13장). 『형이상학』의 첫 두 장에서 지혜(sophia)가 인간의 자연적 욕구와 지향적 행위로부터 발생하며, 의지와 지향성은 그 자체로서 이미 인간의 감각 지각에 개입하고 그 특성을 각인시키고 있음을 보여 준다. 인간으로 하여금 하늘의 별들과 전 우주를 바라보면서 그 모든 것의 원인을 묻게 만드는 경이감의 체험은 바로 이러한 지혜 때문이다.

아리스토텔레스는 수단과 목적의 개념을 가지고 생산활동과 윤리적 활동을 구별했듯이 이 방법을 부당하게 윤리적 실천과 관조적 삶과의 관계에 적용한 것인가? 이에 대한 답은 방법과 본질의 구별이다. 행위 그 자체의 목표는 우리가 도달하려는 그 어떤 것(목적)이 아니라 오히려 우리가 어떻게 행동할 것인가에 대한 방식과 절차이다. 우리는 행위에 있어서 우리의 많은 욕구들을 충족시켜야 한다는 과제를 피할 수 없다. 여기에서의 핵심은 이 욕구들에 대처하는 데 어떤 태도와 방식을 취하는가이다(『니코마코스 윤리학』 제2권 제13장). 다른 한편 인간은 욕구를 충족시키는 데 있어서 생활을 위한 필수적 조건과 필연적 요구들의 노예가 아니라 동시에 자유 안에서, 즉 모든 제약된 조건들로부터 해방된 상태에서 체험할 수도 있어야 한다. 바로 이 관점에서 볼 때 '어떻게' (방법과 태도)는 '무엇' (본질 또는 대상)에 대한 전제 조건이 된다. 아리스토텔레스는 인간이 전적으로 자기 자신이 되도록 하며 또 삶의 의미를 여는 두 가지 목표를 말한다. 우주의 궁극원인에 대한 물음이 학문적 연구를 통해 추구되는 것만으로 부족하며, 삶의 필수적 조건을 만드는 일상에서 선한 사람과의 교제가 선사하는 행복으로 가득 찰 때 인간으로서 의미 있는 삶을 잘 산다고 말할 수 있다. 이 우정은 그 자체로서 의미 있는 것이며, 이것 없이는 우리의 삶 자체가 그 의미를 잃어버리며 다른 좋은 것들도 그 가치를 찾지 못한다(『니코마코스 윤리학』 제8권 제1장).

근대 철학자 칸트는 본질을 추구하는 순수이성보다는 자유와 의무를 추구하는 실천이성에 더 무게를 두고 인간의 인격성과 존엄성의 근거를 여기에 둔다. 인간이 이성 안에서 추구하는 진리, 의지 안에서 추구하는 자유, 실존 안에서 추구하는 존재, 이 삼자는 어떤 것이 더 우월하고 더 근원인지 알 수 없는 한 사태의 세 가지의 모습이라 할 수 있다. 아우구스티누스가 말했듯이 인간은 이성으로 존재와 자유에 관한 진리(사실)를 추구하고, 의지적으로 궁극적 진리와 영원한 존재를 갈망하고 욕구하며, 실존 안에서 진리와 자유를 추구하면서 존재하고자 한다. 지성, 의지, 존재는 진리, 자유, 생명의 대상을 지향하며 삼위일체적 관계를 이룬다. 그는 이것이 삼위일체적 신의 모상인 인간 영혼의 모습이라고 갈파한다.

## 4. 수양

위에서 살펴보았듯이 인간이 행복하기 위해서는 인간 영혼의 여러 능력들, 특히 정신성과 육체성, 지성과 습성이 가장 좋은 조건에서 가장 잘 발휘되어야 한다. 좋은 조건 안에는 좋은 가문, 시대적 상황, 개인적 행운 등 우연으로 돌릴 수 있는 외적 조건이 분명 존재하지만, 윤리적 덕성이 말해 주는 항구적 태도와 훌륭한 습성은 내적 조건으로서 더욱 중요하다. 윤리적 덕이란 인간이 어떤 상황에서도 외부적 조건에 굴복하지 않고 지속적으로, 그 자체로 추구할 가치가 있으며 성취적 쾌감을 주는 행위를 추구할 수 있는 내적 태도를 말한다. 우리가 학문적 수월성을 추구한다는 것이란 다름 아닌 지성적 덕을 꾸준히 닦아 나간다는 의미이다. 그러나 대학교육이란 단순히 학문적 수월성만을 성취하도록 하는 것에 그치는 것이 아니라 실천적 덕, 윤리적 덕을 체득할 수 있는 기회를 제공해야 한다. 이런 맥락에서 요즈음 대학교에서 인성교육을 강조하는 것이 아닐까? 인성교육은 지행일치, 지성적 덕과 실천적 덕을 통합시키고 아는 것을 실천으로 옮기는 열정이 본질이다. 아리스토텔레스가 경험을 통해서 중용을 유지하며 윤리적 덕을 터득해야 한다고 말한 것이 인성교육의 핵심일 것이다. 동양에서는 일찍이 이를 수양이라 부르고 몸과 마음을 닦는 데 도움을 주는 여러 수양론이 발전하였다. 수양론의 핵심은 역시 아는 것을 실천으로 옮기는 데 있다. 감정의 조화, 이성과 감정의 조화, 앎과 실천의 조화를 어떻게 잘 이루어 낼 것인가? 이기일원론인가 이기이원론인가, 이(理)와 기(氣) 중 어떤 것을 더 우선으로 삼아야 하는가에 따라서 여러 학설이 나뉜다. 역시 정신과 몸, 본성과 기질, 이성과 감성, 이론과 실천력의 조화가 관건이라 할 수 있다.

불교의 좌선이나 명상, 그리스도교의 관상 또는 신비체험, 요즈음 대중화되고 있는 영성 등은 모두 심신일치의 실행과 관련되어 있다. 20세기 가톨릭 신학자 후고 라너는 심신일치체험이 곧 '신체험'이라 말한다. 그만큼 지성과 감성, 마음과 몸, 앎과 실천이 조화를 이루는 가운데 성성(醒醒)이 발휘될 때 인간의 행복감은 더 크다는 반증이다.

한 사람이 고유한 사회적 환경과 문화적 맥락의 영향을 받아 심신일치의 상태를 경험하는 것은 그 자체로 고유한 방식과 과정을 통해서이다. 즉 모든 이를 똑같이 경험토록 하는 어떤 법칙이나 원리가 존재하는 것이 아니라 다양한 방식으로 이루어질 수밖에 없다. 나의 실존 깊은 곳에서 나는 무엇을 찾고 있는지 알지 못한 채 우리는 이리저리 에너지를 분산하며 바삐 살아가고 있다. 정신분석학이 제시하는 행복이란 나의 깊은 무의식의 소리를 (의식이) 듣고 실행하는 것이다. 행복과 진리는 나의 외부에 있기보다는 나보다 더 가까이에 내 안에 있는 것이다. 수양의 시작은 자신의 깊은 곳에서 갈망하는 것을 자각하는 데에 있다. 그러기 위해 우리는 명상, 좌선, 수련이 필요한 것이다. 그 갈망을 찾으면 그것은 나에게 태양처럼 빛나는 비전이 되고 거기서부터 에너지를 얻고 지칠 줄 모르는 열정을 가지고 투신할 수 있게 된다.

**참고문헌**


- 루이 보댕, 『지성인』, 민희식 역, 1969.
- 아리스토텔레스, 『니코마코스 윤리학』, 최명관 역, 1984.
- 프리도 릭켄, 『고대 그리스 철학』, 김성진 역, 2000.

2부

# 윤리의 기본원리

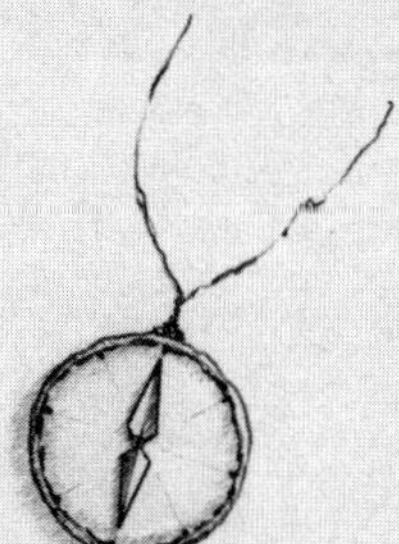

내가
방향 몰라 헤매일 때
내 갈 길을 잡아 줄
'나침반' 하나가
있으면 좋겠다.

나침반이 잡아 준
그 방향으로
움직일 겸손이
내게 있으면 좋겠다.

# 4장 선과 악

윤리학에서 선(善)이란 '착하다', '좋다'를 뜻한다. 이와 반대로 악하다는 말은 좋지 않거나, 좋음이 결핍된 상태를 말한다. 그런데 우리가 일상적으로 쓰는 언어의 용례를 관찰해 보면 어떤 것이 좋은지 알 수 있다. 예컨대 어떤 감기 환자에게 의사가 "침대에 누워 충분히 휴식을 취하는 것이 좋습니다"라고 한다(1). 어떤 게임을 할 때에, "게임의 규칙을 지키지 않는 것은 나빠(좋지 않아)!"라고도 한다(2). 여기서 말한 두 가지 경우는 어떤 상황에서 '좋다'라고 하고 있다. 감기를 낫도록 하기 위해서(B) 네가 'A를 하는 것이 좋다'라는 말은 모든 경우에 반드시 A를 해야 함을 뜻하지 않는다. 만약 B를 원한다면 그렇다는 것이다. 감기에 걸렸다 하더라도 긴요한 약속을 지켜야 할 일이 있거나 당장 중대한 과제가 있는 사람은 침상에서 휴식을 취할 수 없다. 따라서 일과 건강 중 선택해야 한다. 두 번째 예에서도 규칙을 지키는 것이 좋다는 것은 게임을 하는 경우에 한해서 좋고 나쁨을 말하는 것일 뿐 그 규칙이 좋은 것인지, 지금 그 친구와 그 게임을 하는 것이 좋은 것인지를 말하고 있지 않다. 일상 속에서 우리가 말하는 선이라는 개념은 이처럼 특정한 목적이나, 공동체적 질서라는 관점하에서 말해진다. 그런데 이런 어떤 상황, 특정한 목적, 혹은 특정한 질서의 관점을 넘어서서 항상 보편적으로 좋거나 선으로 불릴 수 있는 것이 있을까? 그런 것이 있다면 그것은 내 안에서, 혹은 나와 타인과의 관계에서 어떤 가치들의 충돌이 생길 때 우선적 선택의 기준이 될 것인가? 이러한 질문은 곧 철학적이라고 말할 수 있다. 왜냐하면 철학은 사물이나 사건의 현상 이면의 보편타당한 원리나 궁극적 법칙을 묻고 찾아나서는 것이기 때문이다.

## 1. 윤리학은 가능한가?

철학의 분과 학문으로서 윤리학은 인간의 행동, 실천과 관련해 보편타당한 법칙적 규범을 파악하거나 그 규범들의 근거를 성찰하는 학문이다. 윤리학의 대상인 인간의 행동과 실천은 궁극적으로 그것을 통해서 인간이 행복을 추구하기 때문에, 우리는 윤리학을 행복학이라 부를 수 있다. 그런데 어떤 사람들은 인간의 행동이 어떤 상황에서 '좋다', '나쁘다' 라고 할 수 있을지언정 절대적 의미로 '좋음', '선' 이란 존재하지 않는다고 주장한다. 이들에게는 선이란 항상 상대적이어서 문화와 시대, 사회, 그리고 이런 말을 쓰는 사람들의 성격에 따라 각각 다를 뿐이며, 따라서 보편타당한 선이란 존재하지 않는다. 따라서 더 나아가 윤리학이란 학문도 필요 없다. 각자 자기의 성향, 조건과 상황에 따라 잘 선택하면 되기 때문이다. 이런 부류의 사람들을 우리는 '윤리상대주의자'라 부른다.

그런데 '윤리실재주의자'들은 보편타당한 선한 규범을 찾는다면서, 상대주의자들이 말하는 시간과 공간에 따른 차이성을 관찰하지 않고 인정하지 않는 것이 아니다. 오히려 이러한 차이성이 기초가 되어 보편적인 규범을 찾도록 자극한다. 윤리학이 역사상 처음 발생했던 기원전 5세기의 그리스 사람들은 해상여행을 통해 단순히 풍습이 지역에 따라 다르다는 사실만을 알았던 것이 아니고, 이들 중 철학자라고 불린 사람들은 바로 이러한 인간의 상이한 삶의 방식과 상이한 규범체계를 평가할 수 있는 기준에 대한 물음을 던졌던 것이다. 이리하여 그들은 'Physics'(자연법, 혹은 인간의 본성)라는 개념을 발견했다. 이 역사적 예를 통해서 알 수 있는 것은 문화, 사회, 시대에 따라 여러 윤리적 규범들이 존재한다고 하더라도 보편타당한 윤리학이 불가능하지 않다는 것을 보여 준다. 윤리상대주의자들은 흔히 문화의 차이성을 너무 부각시킨 나머지 차이성 이면의 공통성을 파악하는 데 소홀한 경우가 많다. 만약 어떤 문화에서 어린이가 잠자리에서 실수로 오줌을 쌀 경우에 부모가 어린이를 학대한다면, 우리는 이 풍습이 어린이에게는 나쁘지만 부모에게는 좋을 수 있다고 말하지 않는다. 우리는 절대적 의미에서 이 부모의 행동을 나쁘다고 말한다. 2차 대전 중 폴란드의 아우슈비츠에서 '막시밀리안 콜베' 신부는 가스실에 끌려가는 유대인 중에, 자녀를 키워야 하기 때문에 살려 달라고 애원하는 어떤 아빠를 대신해서 스스로 자원해 죽었다. 이 신부의 행위는 아프리카의 피그미족에게나 우리들에게나 마찬가지로 선하다고 말할 수 있다. 이 행위가 선하다고 하는 것은 꼭 결과적으로 이 아빠가 살아나 가족들과 함께 살 수 있었기 때문이 아니다. 그가 다음 날 죽었다 하더라도 콜베 신부의 행위는 선한 것이다. 문화나 시대를 초월해서 공통적인 윤리적 선은 얼마든지 찾아볼 수 있다. 한편으로 특정한 행동에 대한 우리 자신들의 절대적 가치평가의 직접성(직관)을 인정한다면 공통적이고 절대적이며 올바른 삶의 기준을 해명하려는 이론적 노력, 즉 윤리학에 정당성을 부여할 수 있을 것이다.

## 2. 상대주의적 윤리 비판

바로 문화적 상이성은 우리에게 윤리적 평가의 기준에 대해 질문하도록 요구한다. 인간의 행위에 대한 보편타당한 평가 기준이 도대체 존재할까? 그런 기준이 존재하지 않는다는 윤리상대주의의 대표적 입장인 전통주의와 자유방임주의를 우선 살펴보고, 보편타당한 절대적 선에 대해 알아보자.

### 1) 전통주의

전통주의에서는 모든 사람은 자기사회를 지배하는 도덕, 즉 전통을 따라야 한다고 주장한다. 보편타당성의 기준은 곧 전통이다. 여기에 대한 반론으로 첫째, 그들이 항상 지배하는 도덕을 따라야 한다고 주장하는 것은 결국 적어도 하나의 보편타당한 규범을 세우려는 의도가 있음을 말한다. 단지 한 문화권에 한정할 것인가, 인류 전체로 확대할 것인가의 차이가 있을 뿐이다. 그들은 이 물음에 인류 전체에 해당하는 보편타당한 도덕은 문화권의 규범들에 경쟁상대로서의 어떤 내용적 규범이 아니라 상위 형식규범, 혹은 메타규범일 뿐이라고 대답한다. 그렇다면 어떤 문화권의 규범이 자기의 도덕은 절대시하면서 다른 문화권의 도덕은 틀렸다고 생각할 경우에는 어떻게 해야 할까? 타문화권에 침투해 그 문화를 변화시키고자 지속적으로 노력하는 선교사들의 극성이 힘이 우월한 어떤 한 문화권(과거의 기독교 혹은 이슬람교)의 도덕이라면 이에 대해 전통주의자들은 어떻게 반응할까? 내용적으로 보편타당한 규범은 존재하지 않는다면 결국 힘의 투쟁으로 해결될 것이다. 둘째, 어떤 사회에 항상 지배적인 도덕이 있는 것이 아니다. 현대처럼 다원주의의 사회에서는 여러 윤리적 통찰들이 서로 경쟁하고 있다. 예컨대 낙태는 한 사회의 어떤 부류의 사람들에게는 범죄이고 어떤 사람들에게는 문제가 되지 않을뿐더러 이와 관련해 죄의식을 갖는 것에 투쟁한다. 셋째, 어떤 사회에서든 자기의 시대에는 결코 환영받지 못하다가 후세에 이르러 각광을 받는 선구자, 예언자 혹은 개혁자들을 모범으로 삼고 있다. 그것은 우리가 그들의 가르침의 내용이 올바르다는 확신을 가지기 때문에 그렇지, 그들의 시대적 자기 적응이 옳다고 보기 때문에 그런 것이 아니다. 또한 한 시대의 대다수 사람들이 전통으로 여기는 것이 올바름의 기준이라면 문화적으로 나 윤리적으로 사회가 변화하고 있음을 설명할 수가 없게 된다.

### 2) 자유방임주의(무정부주의)

자유방임주의는 모든 사람은 자기의 자유(자의)에 따르고, 하고 싶은 것을 해야 한다고 주장한다. 이 자유주의자들은 모든 도덕을 억압, 압제로 평가하고 따라서 자기가 하고 싶은 대로 행해야 한다고 주장한다. 그들은 윤리적 가치판단이 객관적 사실을 인식하고 식별하여 선택하는 것으로 보지 않고 단지 감정, 의지 또는 결단에 의해 이루어지는 것으로 본다. 그리고 감정이나 결단, 의지는 각 개인에게 달려 있지 결코 객관적 기준을 마련할 수 없다고 한다. 자유방임주의는 전통주의와 상반되는 출발점을 가지고 주장하지만 상대주의를 주장하고 있다는 점에서 동일하다. 이에 대한 반론으로 다음과 같이 말할 수 있다. 자기 자녀에게 변함없이 사랑을 주는 엄마의 신뢰, 콜베 신부의 행위, 유대인을 학살한 히틀러, 주식시장의 주가를 조작하는 투기꾼의 뻔뻔스러움의 가치 차이를 인식할 수 없는 사람이라면 자기의 주장을 하기 이전에 기본적인 경험 능력이 결여되었다고 말할 수밖에 없다. 자기가 하고자 하는 것을 행하는 것이 아니라 자신의 욕구에 반해서 의무를 인식하거나, 또 욕구하는 많은 것들 중에서 선택해야 하는 경우가 많다는 것은 인식과 선택이라는 것이 전제되지 않고서는 해명될 수 없다. 인간은 본능에 따라 행하는 존재가 아니라 자기 행위의 기준을 찾고 발견하는 존재라는 것이 명백하다. 우선 인간이 사용하는 언어도 자연적으로 가진 것이 아니고 배워야 하는 것이다. 인간성은 동물처럼 자연히 생기는 것이 아니다. 인간은 그저 본성에 따라 살아지는 것이 아니라 자신의 삶을 자율적인 기준에 따라 영위하는 것이다.

### 3) 보편타당한 절대적 선

보편타당한 선은 이것 혹은 저것을 욕구하도록 자극하는 모든 대상들을 고려하고 질서를 부여해야 한다는 관점에서 찾아진다. 이 관점이 어디에 있는지를 말할 수 없을지라도, 어디에 없는지를 말할 수는 있다. 즉 건강이 절대적 선인가? 그것은 선일 수 있다. 큰 병으로 죽을 위험에 처해 있는 사람이라 하더라도 이 한계상황을 담담하게 받아들이고 남은 시간 동안 가족과 다른 사람들을 위로한다면 오히려 질병이라는 계기는 그 사람과 이웃들에게 선이 된다. 이타적 행동이 절대선인가? 남을 위해서 행하는 것이 선이지만 절대적이지는 않다. 자기 자신을 생각하는 것이 선일 경우도 많다. 올바르고 선하게 산다는 것은 그의 욕구를 올바른 가치질서에 합치하도록 하는 것을 뜻한다. 일찍이 고대철학자들은 이 올바른 질서의 기준을 제공할 수 있다고 생각했다. 이 올바른 질서 속에서 인간이 행복하게 살 수 있다고 생각했다. 예를 들자면 우정 속에서 사는 질서가 올바르다고 생각했다. 자기가 원하는 대로 행하라고 주장하는 사람은, 자의적으로 폭력을 행사하는 타인에게 어떻게 대해야 할까? 서로 간의 자유를 존중하는 관용(Toleranz)이 자유방임주의자들에게도 선이 되어야 하지 않을까? 그러나 관용의 정신(인내, 협력)은 그들의 자유(자의)를 제한할 수밖에 없다. 관용은 윤리적 상대주의의 자명한 결론이 결코 될 수 없음은 명백하다. 관용은 매우 특정한 윤리적 신념, 즉 그것을 위해 보편타당성이 요구되는 신념체계에 기초한다. 도덕적 상대주의자는 그 대신 "왜 내가 관용적이어야 하는가? 모든 이는 자기도덕에 따라 살아야 해. 나의 도덕은 폭력과 불관용도 허용한다"라고 말하더라도 어쩔 수 없게 된다. 어떤 객관적 도덕규범도 허용하지 않겠다는 전제 때문이다.

그런데 관용이 한 사람의 욕구와 또 다른 사람의 욕구 사이의 긴장을 해소하기 위해 충분한가? 많은 욕구들은 서로 용납할 수 없을 경우도 많다. 내 안에서도 서로 상이한 차원의 모순되는 욕구들이 있는 것처럼 여러 차원의 상이한 사람들의 욕구들이 있을 수 있다. 자기 자신의 욕구를 우선하는 것도, 타인의 욕구를 우선하는 것도 항상 선한 것은 아니다. 여기서 한 사람의 어떤 욕구가 다른 사람의 어떤 욕구와 경쟁을 하는지 알아야 한다. 이것을 해결하기 위해 욕구들을 판정할 수 있는 진리 같은 (진리의 능력이 있는) 기준이 필요하다. 윤리상대주의자들의 주장은 바로 이 기준이 서로 논란거리가 된다는 점에서 출발하고 있는데, 그런데 바로 이 논거는 자기가 주장하는 것과 반대의 것을 논증하는 것이다. 모든 이론적인 싸움에는 이미 하나의 공통적인 진리가 기초적으로 자리하고 있다. 각자가 자기에게 고유한 진리를 가지고 있다면 어떤 논쟁도 있을 수 없다. 이리와 토끼 사이에 어떤 논쟁도 필요하지 않은 것은 당연하다. 그들에게는 긴장상황으로까지 가는 자기의지만 있을 것이다. 상대주의자들처럼 서로 다른 진리관에 따라 살려는 사람들 간의 긴장상황은 이성적 성찰에 의해서도, 올바른 기준에 대한 논쟁을 통해서도 해소되지 않게 되고, 결국 자기의지를 무조건 관철하려는 강자의 물리적 권력에 의해 해소된다. 선과 악의 논쟁은 '윤리학이 논쟁적이다'는 것을 보여 주고 있는데, 윤리학이 논쟁적이라는 것은 다시 하나의 진리, 절대적 선의 기준을 가지고 있다는 것을 의미한다.

## 3. 객관적 선과 책임

플라톤은 『국가(政體)』의 둘째 권에서 세 가지 부류의 선들을 구별한다. 첫째, 오로지 자기 자신 때문이고 그것의 결과 때문에 갈망되는 것이 아닌 선들이 있다. 이것을 그 자체로 선 혹은 자기가치라고 부른다. 긍정적, 혹은 부정적 결과를 가져올 수 있는 흥미 또는 쾌락이 그 예이다. 둘째, 오로지 그것의 결과 때문에 추구하는 선들, 자기 밖에 목적이 있는 선 혹은 사용가치라 불리는 것으로, 그 예로 의학적 진료 혹은 경영활동을 들 수 있다. 셋째, 첫째와 둘째가 동시에 있는 선들, 즉 그 자체로 추구할 만한 가치가 있고, 동시에 그 결과 역시 추구할 가치가 있는 선인 활동들, 예컨대 이성, 인식, 건강이 있다. 플라톤에게 세 번째 종류의 선이 최고선의 지위를 얻는다. 첫째 선은 그 결과가 부정적일 수 있다. 쾌락은 그 자체로 선한 것이지만 그 결과는 고통으로 끝나는 경우가 있기 때문이다. 이러한 선의 구별에서 두 가지 점이 중요하다. 첫째, 그 구별에서 인간의 자기 목적성에 대한 시사점이 나온다. 특정한, 그 자체로 선인 가치를 자신에 의해 경험하고 그가 홀로 그것에 상응한 생명의 완성을 행할 수 있다는 점에서 인간은 그 자체로 목적이다. 모든 생활형식은 그 자체로 목적인 선을 포함한다. 둘째, 각각의 그 자체로 추구할 만한, 자기 안의 선은 자기 밖의 결과에서 검증되어야 한다.

이로써 어떤 행위를 내용적으로 책임질 수 있을지에 대한 물음에 무엇을 답할 수 있는가? 윤리적 규범의 내용적인 기준은 타인의 행복일 수 없다. 행복은 자유와 연결되어 있고, 해당되는 사람 자신에 의해서만 실행될 수 있는 자기 안의 선을 내포하고 있다. 타인을 행복하게 만들어야 하는 요구는 인간 사이의 관계의 보편적 규범으로서 그 자체로 모순이다. 그러나 타인 안의 선을 가져다줄 수 없지만 타인 밖의 선들을 제공함으로써 자신의 행복에 기여할 수 있을 것이다. 질문해야 하는 것은 어떤 사용가치가 한 사람에게 선인지에 관한 것이다. 타인을 행복하게 만드는 것이 아니라 그가 자기 행복을 스스로 실행할 수 있도록 만드는 것이 중요하다.

앞의 논의를 통해서 우리는 인간이 행복을 위해서 주관적으로 선을 추구해야 하는 영역과 이를 추구할 수 있도록 객관적으로 보장해야 하는 영역이 존재한다는 것을 알 수 있다. 갈망은 사람이 원하는 것이고, 욕구는 사람이 필요한 것이다. 갈망 또는 매력은 주체가 내적으로 제안하는 상상이다. 이에 반해서 욕구가 표현된 문장은 필수적인 조건 혹은 수단을 포함한다. 내가 필요한 것은 나의 상상력에 달려 있는 것이 아니라 사실에 달려 있다. 욕구의 대상은 그것 때문에 필수적인 수단이 된, 목적의 특별한 범주에 의해서 다른 수단과 구별된다. 이러한 목적의 예로써 고통에서의 해방, 건강, 감각과 지체의 사용을 들 수 있으며, 욕구의 대상은 이 필수적인 목적에 도달하기 위해 우리가 사용하는 수단인데, 예로써 의식주와 약품들을 들 수 있다. 어떤 상대주의자라도 이것이 없으면 생명을 영위할 수 없는, 이러한 욕구가 있다는 것을 부인하지는 못할 것이다. 이것은 자연적으로 필수적인 목적 혹은 욕구로서 문화와 무관하게 인간이 욕구하는 것이다. 이 자연적으로 필수적인 목적(더 정확하게 그것의 충족)은 플라톤의 세 가지 부류의 선에 따르면 세 번째 선으로 볼 수 있다. 이는 자연적으로 필수적인 목적이 자유롭게 설정한 혹은 부수적인 목적의 실행을 위해서 필수적인 조건이라는 점에서 핵심적이다.

이제까지 살펴본 것들을 종합하면 다음과 같다. 윤리적 요구는 타인을 행복하게 만들라는 데 있지 않고, 그의 행복조건(즉 자기 밖의 선들)을 침해하지 않고 도우라는 데에 있다.

어떻게 책임과 행복에 관한 관계를 정리할 수 있는가? 한 인간의 자기목적성, 존엄성, 혹은 근본적이고 해소할 수 없는 권리란 그가 대우받는 형식과 방법이 타인에 의해 존중되어야 하고, 책임지어질 수 있다는 데에 있다. 여기서 모든 인간은 그가 다른 사람에 대해 책임져야 하는 방식으로 행위할 도덕적 의무가 있다는 사실이 도출된다. 자신의 행위에 책임을 진다는 의미는 그 행위를 정당화할 근거가 있어야 하고, 행위의 근거가, 행해서는 안 될 근거보다 더 우월하다는 것을 알고 행한다는 것이다. 상호적인 책임 관계에 놓인 사람들은 서로 자신들이 무엇을 원하는지를 물어야 하고 타인이 원한다면 행위의 근거를 명백히 설명할 가능성을 가지고 있어야 한다. 인간이 궁극적으로 원하는 것은 행복이다. 인간은 자기의 행복을 하나의 책임질 수 있는 방식으로 추구한다는 사실에서 상호적인 주장의 정당성이 도출된다. 그들은 서로 그들의 행복에 대한 정당화되고 근거 지어진 주장을 중요시해야 한다. 그들의 권리는 서로 설정한 근거 지어진 요구에서 기인한다.

자기의 행복을 추구하는 사람은 자기의 행복을 창출하기 위해 필수적인 조건들을 욕구하는데, 그것들은 생활형식의 실행을 위한 자기 밖의 선들이다. 행복을 추구하기 위한 객관적 조건으로, 즉 자기 밖의 선으로 보장해야 하는 것으로 우리는 자유를 들 수 있다. 선험적 자유, 결정의 자유, 행위의 자유가 이에 속한다. 칸트에 따르면 인간은 현상계의 자연의 법칙에서 독립한 의지가 있고 의지가 순수이성에 의해 규정될 수 있을 때 선험적 의미로 자유롭다. 선험적으로 인간이 자유롭기 때문에 그것이 전제가 되어 결정의 자유가 가능하다. 또한 결정하는 데 자유롭기 때문에 그 행위에 대한 책임을 지는 것도 윤리 직관상 당연한 것이 된다. 선험적 자유는 자연법칙 또는 욕구로부터, 즉 '…로부터의 자유'로서 부정적이라면, 결정의 자유는 '…로의 자유', 즉 선택으로의 자유라는 점에서 긍정적인 개념이다. 행위의 자유는 결정들을 실행할 수 있는 능력이다.

결정의 자유는 행위의 자유가 전제되어 있다. 내가 실행할 수 없다는 사실을 알면 나는 결정할 수 없다. 단지 갈망할 뿐이다. 내가 실행할 수 있다는 것을 알 때 나는 의지를 파악하고 하나의 생활양식을 선택할 수 있다. 결정과 행위의 자유는 자기의 전제 조건과 활동의 가능성인 외부 조건들의 충족과 연결되어 있다는 점에서 구체적인 자유들이며 자기 밖의 수단을 추구하는 자유라 할 수 있다. 선험적 자유를 지닌 인간은 그 자체로 목적인 선이라고 한다면, 이 인간이 자기 밖에 목적이 있는 선들과 관계를 맺는 활동으로 우리는 구체적인 자유를 말할 수 있다. 인간의 자기목적을 실행하는 데 필요한 기본 전제 조건들이라는 점을 강조하여 이를 기본선이라 부르기도 한다. 그 자체로 목적인 인간이 국가에 의한 강제 혹은 침해로부터 보호를 받아야 한다는 인권의 기본이념에 따라 발생하는 시민적 · 정치적 권리, 경제적 · 사회적 권리, 문화적 권리, 소수자들의 권리 등이 기본선과 관련된다. 인간의 자유, 권리, 기본선에 관한 문제는 윤리학, 인권, 법학에서 더욱 구체적으로 다루어진다.

### 참고문헌


- F. Ricken, *Allgemeine Ethik*, 2003(김용해 역, 『일반윤리학』, 2006).
- R. Spaemann, *Moralische Grundbegriffe*, 1994.

## 5장 쾌락과 실재 그리고 가치인식

우리는 도덕에 관한 물음을 "…을 행해야 한다"는 당위적 술어, 요구 혹은 명령에 관한 생각과 연결하는 것에 익숙해 있다. 그래서 윤리학은 지겹고, 우리의 행동을 규제하려는 것으로 생각한다. 그런데 좀 더 성찰해 보면 "…을 해야 한다"는 요구 이면에는 "…을 하고 싶다"는 갈망이 전제되어 있다. 우리가 무엇을 해야만 한다면 그것은 우리가 그것을 원하고 있다는 것을 의미한다. "나는 내가 행하고자 하는 것을 해야 해"라고 이야기하는 것은 너무도 당연한 말이다. 자신에게 튀김 음식을 즐겨 먹는 것을 금한 의사에게 순종하는 사람은 건강하게 살기를 혹은 건강하게 되기를 바라기 때문에 그렇게 한다. 모든 당위적 의무는 그 이전의 어떤 갈망하는 행위와 연결되어 있다. 그렇지 않다면 우리가 이 의무를 나의 것으로 만들어야 할 아무런 이유가 없는 것이다.

우리가 주어진 인생에서 도대체 무엇을 근본적으로 행하기를 바라는지 이해한다면 우리가 무엇을 해야 하는지, 올바른 삶은 어디에 놓여 있는지를 질문할 것이고 답을 얻을 것이다. "최고선이 무엇인가?"라는 질문은 우리의 갈망의 마지막 끝(목적)이 무엇인지를 묻는 것이다. 무엇이 인간의 행동의 마지막 목적인지는 잠시 접어두고 이것과 관련되어서 '본성적'이라는 말을 생각해 보자. 어떤 태도나 행동이 우리가 근본적으로 원하는 것에 도달하도록 도우면 그것은 '본성적이다', '자연적이다'라고 말한다. 비본성적, 비자연적이라는 것은 이와 반대로 그렇게 하지 않는 것을 의미한다. 만약 법이나 도덕 등 규범체계가 인간의 자율성을 무시하고 강제하는 규정이거나 자의적 이데올로기로 이끄는 규정이라면 비본성적이라고 말할 수 있다. 강제규정도 자신의 갈망과 연결된다. 독재자는 그의 갈망을 우리가 먼저 이행하는 것을 조건으로 우리의 갈망의 도달을 허락할 수 있다. 강도가 우리에게 돈을 주면 죽이지 않겠다고 위협하는 것처럼 그의 갈망은 우리의 그것과 상반되어 있다. 이런 의미로 그 자체로는 우리의 관심에 없지만 우리에게 요구되는 도덕적인 규범이 있는데, 이것은 우리가 진정으로 원하는 것을, 우리가 그 강제된 규범을 이행할 때에야 얻게 되는 그런 경우의 것이다. 그런 도덕은 "내화된 지배"라고 부른다. 이에 대한 예로서 독재국가에서 국가의 건설이나 목표를 내세우면서 개인의 자유를 억압하는 경우를 들 수 있다. 비슷한 양태로 비본성적인 도덕은 우리를 자의적으로 이끄는, 즉 우리를 지식의 부족에 의해서든 자기통제의 부족에 의해서든 우리가 진정으로 원하는 것을 행하지 못하도록 하는 순간적인 욕구나 기분으로 이끄는 것을 예로 들 수 있다.

그런데 인간에게 본성적으로 원하는 그런 기본적 갈망이 있어서, 각자의 욕구와 노력의 목적이 되고, 동시에 한 사회에서 모든 이가 규범을 평가하는 유효한 기준으로 그것을 사용할 수 있을까? 고대철학에서 시작된 이에 대한 처음의 답변은 쾌락 혹은 만족감을 얻고 불쾌를 피하는 것이었다. 이 목적, 즉 쾌락에 도달하는 데 유익하면 선이고 그렇지 않으면 나쁜 것이 되는 것이다. 이를 주장하는 윤리설을 쾌락주의(Hedonism)라 부른다. 하나의 의지가 목적에 도달하면 어떤 형태의 만족이 따라오므로 쾌락주의자들은 이 만족이 본래 행동의 목적이라고 결론을 내린다. 다른 모든 것은 이 목적 때문에 시도된다. 그러나 이 주장은 어떤 근거 지음도 없다. 한 사람의 생명을 살리는 데 성공했을 때 물론 그것은 나를 기쁘게 한다. 나를 도와준 사람에게 나의 감사의 정을 표현하는 경우에 물론 나는 그에게 기쁨을 선사한다. 그러나 내가 그저 하나의 만족감 자체를 얻기 위해서 그것을 행했다고 한다면 뭔가 부자연스럽지 않은가? 철학적 쾌락주의는 물론 항상 이런 오류에 빠지는 것은 아니다. 그들 중 많은 철학자들은, 예컨대 에피쿠로스는 일반적으로 인간에게 자기 자신의 쾌락상태가 중요한 것이 아니고, 생애의 많은 것들, 소중한 것, 소중하지 않은 것, 좋은 것, 나쁜 것 등이 중요하다고 인식했다. 그는 소중하지 않은 것, 나쁜 것 등의 요소들이 인간의 자기소외와 인간을 계속적으로 불행하게 만드는 상태로 빠지게 한다고 보았다. 따라서 그는 모든 사람이 쾌락주의자라고 주장한 것이 아니고 인간이 쾌락주의자가 되어야 한다고 권했던 것이다. 그는 최고선은 사물이나 인간에게 있지 않고, 우리가 사물이나 인간에게서 발견하는 즐김(유희)에 있다는 것을 사람은 배워야 한다고 주장한다. 쾌락주의에는 두 가지가 있는데, 하나는 적극적인 것으로서 최대의 쾌락을 추구하는 것이고, 다른 하나는 소극적인 것으로 불쾌를 회피하는 것이다. 후자의 것이 에피쿠로스의 입장으로서 오히려 금욕주의를 권장하고, 닥쳐올 좌절감을 작게 하기 위해서 욕구를 작게 하는 길을 제시한다. 에피쿠로스에게는 덕, 친절, 우정, 관대함도 좋은 삶에 해당한다. 이 성질들은 이를 소유하는 사람에게 기쁨의 원천이 되기 때문이다. 한편으로 쾌락주의는 훌륭한 생활예술에 속하는 중요한 통찰을 포함하고 있으나, 다른 한편으로 자기 개인적인 쾌락의 획득에 대한 집착 때문에 실제적인 행복에 장애를 갖게 해 이 통찰을 타락시키고 있다.

인간은 성장 과정에서 일찍부터 쾌락추구에 몰두하는 시기를 갖는다. 본능은 동물에게 자기의 생명보존과 종족보존을 자기위로와 불쾌상태를 회피하려는 욕망과 직접 연결시킨다. 인간 역시 굶주림, 목마름과 성욕을 갖고 있다. 그러나 인간은 욕구의 만족을 반성하는 것을 통해서 욕구를 자기보존 혹은 종족보존의 자연적 목적에서 분리시킬 수 있다. 세계는 인간에게는 본능을 통해 이미 인간종에 맞는 환경으로 다가오지 않고, 무한한 만족의 가능성과 동시에 그에 따른 무한한 위협의 열린 왕국으로 다가온다.

프로이트(S. Freud)는 따라서 인간의 유아기 성장을 쾌락원리와 실재원리 두 가지 개념을 가지고 서술한다. 유아는 처음에는 규정되지 않은 리비도(Libido), 즉 쾌락욕구, 육체적 접촉과 일치에 대한 욕구 외에 다른 아무것도 지니지 않는다. 유아는 이제 서서히 이 욕구들이 원하는 대로, 자동적으로 그리고 한정 없이 실행되지 않는, 실재(사실) 그 자체를 체험한다. 실재가 우리에게 오는 것이 아니다. 우리가 실재로 향해 가게 된다. 우리는 따라서 욕구 중 일부를 얻기 위해, 어떤 경우에는 존재를 유지하기 위해, 다른 일부를 부정해야 한다. 프로이트는 실재원리에서 이성의 원천을 발견했다. 모든 욕구가 어떤 수고도 없이 즉시 충족되어지는, 게으름뱅이의 천국에서는 이성이란 발전되지 않는다. 프로이트는 인간의 전체의 생애가 하나의 타협, 즉 우리가 원래 원하는 것, 즉 한계 없는 리비도의 실행과 이 실행에 상반되는 실재에 대한 적응 간의 타협으로 보았다. 인간은 이런 관점에서 보자면 방해받은 쾌락주의자이다. 바로 여기에 모든 정신병의 원인과 동시에 일차적인 본능을 승화함으로써 발생한 더 높은 문화적 모든 업적들의 원인이 있다.

한 사람이 뇌 수술대에 놓여 있다. 최고의 권위를 자랑하는 의사는 그의 두개골을 열고 뇌의 어느 부위를 자극해서 이 피실험자가 극도의 쾌락감을 느끼게 만든다. 최근에 미국의 한 의사는 특별한 마약을 사용해 피실험자가 최고의 체험, 그가 이야기하는 신적 체험까지도 가능하게 할 수 있다고 주장한다. 만약 작가 베르나르 베르베르의 소설 『뇌』에서처럼 뇌에 전기 자극을 주어 극도의 쾌락이 가능하게 하는 시술로 평생토록 쾌락감 속에 살게 한다면 인간은 이 시술을 받을 것인가?

인간이 본래적으로 원하는 것은 쾌락추구가 결코 아니다. 인간은 침대 위에서 최고의 쾌감을 즐길 수 있다고 하더라도 자기 삶을 그것과 바꾸지 않는다. 왜 우리는 그러한 삶과 나의 삶을 바꾸고 싶어 하지 않는 것일까? 왜냐하면 침대 위에 있는 그 사람은 실재적 삶 밖에 있기 때문이다. 실재 혹은 사실은 우리에게 일차적으로 적응해야만 하는, 우리에게 저항하는 어떤 것으로 오는 것이 아니다. 그것은 동시에 우리가 어떤 대가를 지불하지 않고서도 다가오는 그런 것이기도 하다. 실재 안에는 쾌락과 고통이 섞여 있다. 고통이 너무 지나치지 않다면 그것은 하나의 중요한 기능을 갖는다. 예컨대 촉감에서 오는 통증은 우리를 위험에서 벗어나도록 알려 준다. 자기보존에 봉사하는 것이다. 사실상 자기보존의 욕구는 쾌락추구를 제한한다.

쾌락추구는 우리가 본래적으로 원하는 핵심적인 것이 아니다. 그것은 단지 핵심적인 것을 추구하는 데 따라오는 동반자의 출현이다. 인간의 자기보존이 항상 문제가 된다는 사실은 우리 삶의 첫째 의미를 가져온다. 생명의 첫째 의미는 따라서 쾌락이 아니라 자기보존이다. 많은 사람들이 200년을 기꺼이 살고 싶어 한다. 만약 인간이 한정 없이 살 수 있다면 어떻게 될까? 모든 순간, 모든 기쁨, 모든 인간들의 만남들이 의미 없는 것으로 떨어지고 말 것이다. 우리가 지금 하는 모든 것을 똑같이 내일도, 모레도 할 수 있을 것이다. 오늘 반드시 해야 할 일이란 있을 수 없다. 우선순위라는 것도 없다. 모든 것이 다 시시하게 보인다. 모든 순간이 우리 생애에 다시는 돌아오지 않기 때문에 그것의 가치는 존재하는 것이다. 여기서 하나의 역설이 나온다. 인간생애의 종말에 대한 걱정이 없으면 어떤 성취된 현존재도 없다. 여기서 자기보존이 진정으로 우리가 욕구하는 것인지 의문이 생긴다. 또한 우리는 자신의 삶을 타인을 위해 봉헌하는 사람도 본다. 독일의 시인 브레히트(Brecht)가 말했듯이 우리는 "나쁜 삶은 죽음보다 더 두렵다"라고 생각하기도 한다. 쾌락주의 외에 철학사적으로 볼 때 자기보존의 도덕이 있었다. 개인의 자기보존이든, 사회제도의 보존이든 모든 것을 보존이라는 관점하에 배치하는 규범이 그것이다. 여기서 우리는 살 가치가 있는 삶에 대한 질문과 삶을 보존하기 위한 조건들에 대한 질문을 구별하게 되었다. 우리는 두 가지 모두를 추구한다고 말해야 한다. 그러나 둘 중 하나를 선택해야 하는 경우도 있다. 플라톤의 『크리톤』에서 죽음을 앞둔 소크라테스에게 친구들은 감옥의 간수들을 매수하였으니 탈옥하여 국외로 망명해 목숨을 보존하라고 간청한다. 소크라테스는 단호하게 이를 거절하고 "사람은 그저 사는 것이 중요한 것이 아니라, 잘 사는 것이 중요하다"라고 말한다. 그에게 "잘" 사는 것이란 아름답고 정의로운 가치를 지닌 삶을 의미했다. 인간에게 생명의 성취와 생명의 보존은 분리될 수 있는 것은 아니다. 자기 정체성을 제한적으로 고정하여 유지하는 삶도, 환경에 과장된 적응으로 정체성이 희미한 삶도 성공적인 인생을 방해할 수 있다. 정치적 보수와 진보의 경향, 쾌락원리와 실재원리, 생명의 보존과 생명의 성취, 이 개념 쌍들은 서로 관련성이 있다. 우리는 위에서 보았듯이 쾌락원리에서 실재원리로 나아가는 데 교육이 필요하고, 생명보존의 집착에서 생명의 성취를 위해 자신을 승화하고, 가치지향적으로 가는 데에도 역시 오랜 훈련이 필요하다는 것을 느낄 수 있다. 루소는 어머니들에게 "당신의 팔 안에 있는 아이가 사과를 향해 팔을 뻗거든 사과를 가져다주지 말고 어린애를 사과에 가까이 데려다 주시오"라고 했다고 한다. 독일의 서정시인 클라우디우스(M. Claudius)는 그의 아들 요한네스에게, "나의 사랑하는 아들아. 진리가 우리에게 따르는 것이 아니라, 우리가 진리에 따라야 한다"라고 쓰고 있다. '애석하게도' 실재가 그렇게 되어 있는 것이 아니라 '다행히도' 그렇게 되어 있다고 생각하는 것이 중요하다. 왜냐하면 우리에게 도전하는 실재에게서 우리는 우리의 능력을 발전시킬 수 있기 때문이다. 모든 깊은 희열은 우리의 능력과 힘을 발전시키는 것과 관련되어 있다. 교육자는 어린이를 자기 안의 욕구에 머무르고자 하는 경향에서 벗어나게 하고, 욕구와 반대편에 있는 '실재의 세계'에 데려다 주는 사명을 가지고 있다. 앞 장에서 보았듯이 이성적 존재인 인간의 행복이란 자기 내적인 욕구뿐 아니라 실재, 즉 타자, 사회, 초월자와의 관계 안에서 인간의 지성적, 윤리적 덕을 더욱 잘 발휘하는 삶을 통해서 주어진다.

인간의 정신이 육체를 통제할 수 있다는 것 이상으로 의지가 욕구를 지배한다고 생각해서는 안 된다. 만약 인간에게 윤리적 덕의 성장이 있다고 한다면, 의지는 본능을 더 높은 목적으로 지향할 수 있고, 본능의 힘을 자신의 목적에 사용하며, 영적인 목적으로 더욱더 본능을 관통하려 해야 한다. 본능의 욕구와 힘을 고차원의 정신적 가치에 투입하는 것을 승화(sublimation)라 부른다. 현대심리학자들의 견해에 따르면 모든 본능을 직접 승화할 수 있는 것은 아니다. 육체와 본질적으로 결합된 육체적 본능, 즉 굶주림, 목마름, 생물학적 성 욕구 등은 의지에 어느 정도 억제될 수 있지만 진정으로 영성화 혹은 승화가 이루어질 수는 없다고 한다. 그러나 본질적으로 육체와 결합되지 않은 다른 본능들, 즉 빼어나고, 강하고 특출하고 싶은 본능, 야망(ambition)은 의지에 의해 떠맡겨지고 조정되고 영성화될 수 있다. 문자 그대로 승화란 이런 경우를 말한다. 사실 자연적으로 야심찬 성질은, 나폴레옹처럼 이기적이든, 케네디처럼 이타적이든 한층 더 원대한 목적에 의해 고무되지 않으면 빼어난 업적이 될 수 없다. 이와 유사한 승화는 다른 비육체적 본능, 즉 호기심, 사회성 등에서 일어난다. 프로이트는 인간의 본능들을 리비도, 즉 성욕이라는 하나의 개념으로 포괄하고 있지만 예컨대 아들러(A. Adler)는 "권력에의 의지"가 많은 사람에게 더 중요함을 지적하고 있다. 성욕보다 진리에 대한 가치를 더 우위에 두는 사람도 있고, 비성교적 사랑이 더 소중하다고 여기는 사람도 많다. 이처럼 이성적 존재이자 의지적 존재인 인간은 자연적, 생물학적 본능에 필연적으로 순종하지 않고 이를 넘어선 가치의 세계를 추구하고 있으며 비육체적 본능이 고차원의 가치를 추구하는 데 몰입할 수 있다는 점을 수긍할 수 있다.

## 참고문헌


- T. Allport, *Personality: A Psychological Interpretation*, 1937.
- J. F. Donceel, *Philosophical Anthropology*, 1967.
- R. Spaemann, *Moralische Grundbegriffe*, 1994.

# 6장 사회생활과 정의(正義)

우리는 앞에서(4장) 윤리의 선과 악이 상대적인가 아니면 인류에게 보편타당한 선의 지향이 있는가를 알아보았다. 이어서(5장) 선의 기준이 쾌락일 수 있는지를 묻고 쾌락주의와 이에 상반된 실재주의를 살펴보았다. 쾌락은 어떤 면에서 인간의 본능을 충족시키는 것과 관련되어 있으므로 좋은 것이기도 하지만, 쾌락 자체만을 추구하면 자기욕구에만 머물게 되고 심리적인 폐쇄성, 이기주의 등의 병폐는 물론 이성적 인간성을 발전시키는 동기를 잃어버리고 사회 안에서 함께 사는 것을 등한시할 수도 있다. 다른 동물과 달리(정신적 존재이므로) 육체적, 생리적 쾌감 외에 고통을 뛰어 넘은 가치체계를 가지고 있고, 승화를 통해 가치의 실재를 배워 익혀 간다. 본능적, 성적 에너지를 가치지향적인 에너지로, 문화를 창조하는 에너지로 발전, 계발하는 것은 이론으로 얻어지는 것이 아니라 작은 실천과 끊임없는 수양을 통해 가꾸어 나가는 것이다.

우리가 이제까지 숙고해 본 것이 '올바르게 사는 것'이었는데,

그것은 곧 '실재(사실)에 맞게 사는 것' 이었다. 삶과 관련된 실재는 이론이 아니고, 또 확정된 어떤 것이 아닌 경험 안에서 터득되는 것이다. 실재에 맞게 산다는 것은 자신의 관심들을 객관화하고 실재의 가치내용에 따라 자기 삶이 형성되도록 하는 것이다. 교육은 인간을 찰나적인 자극에 빠지는 것에서 해방시키고, 자신이 진정으로 하고 싶은 것을 실제로 할 수 있는 능력을 갖추도록 하는 것이다. 인간은 수동적으로 살아지는 것 대신에 자기 삶을 영위해야 한다. 교육은 실재의 가치내용을 스스로 찾고 규명하며, 여러 방면의 객관적 관심들을 형성시키는 것이다. 우리의 관심이나 갈망을 대상화, 즉 일반적인 기준과 대조하는 것을 통해서, 관심과 갈망들은 서로 비교되고, 우리는 경쟁적인 관심들을 이해하게 되며 또한 남에게 이해시킬 수 있다. 대화와 토론, 상담과 조언이 각자의 승화에 도움이 되는 것은 이 때문이다. 우리의 삶과 행위, 관계를 통해서 발생하는 관심과 갈망은 수학적으로 측정하기 어려운 우연적이고 구체적인 정서들이기 때문에 실제로 인식하기 어렵다. 그러나 앞에서 윤리적 덕에 관해 숙고한 것처럼 숙고와 식별, 선들의 경중을 헤아리는 대상 모두가 우리 판단력의 객관적 실재임이 분명하다.

올바르고 성공한 삶을 위해 우리가 살펴야 하는 가장 중요한 실재 중 하나는 타인이다. 타인 없이 존재하는 사람은 없다. 언어, 생각, 감정은 의사소통 안에서 발전된다. 실재의 부유함은 타인과 우리를 잇는 언어를 수단으로 할 때 우리에게 열린다. 사실 올바른 길을 우리는 모방을 통해 배운다. 우리는 우리의 태도, 행동에 어떤 의미를 부여하지 않으면서 살 수 없다. 우리는 의미들을 통해서 타인을 이해시키고, 이론적으로 설명할 뿐 아니라, 타자에 동의하고, 자신의 행위를 정당화하며, 또 우리의 행위는 그 결과에 영향을 받을 타인에게 정당화되어야 한다. 우리가 행위 중에 우리 자신을 그러한 정당화의 기준에 맡기려는 기꺼운 마음을 정의감이라 한다. 우리는 정의로운 상태, 경제에 있어서 정의로운 분배, 정치에 있어서 정의로운 참여와 결정에 대해 이야기한다. 토마스 아퀴나스에 따르면 정의는 "각자에게 각자의 몫(권리)을 주려는 지속적이고 항구적인 의지"(s.th. II-II, 58, 1)이다. 정의란 일반적으로 사람들이 옳은 일을 올바른 태도로 행동하게 하며, 옳은 것을 원하게 하는 성품이다. 정의는 왜 완전하고 가장 큰 덕이라고 아리스토텔레스나 토마스 아퀴나스 등 철학자들은 줄곧 말하고 있을까? 정의는 한 인간의 지속적인 내적 태도에서 발생하고, 누구에게나, 어느 때라도 모든 사람에게 요구될 수 있는 보편적 가치이기 때문이다. 절제나 용기 등 다른 덕들이 자기의 성격과 관련된 것이라면 정의는 타자와의 관계 안에서 발생하기 때문에 더욱 어렵고, 모든 덕의 종합으로 이루어지므로 더 중요하다. 정의의 요구는 자기 자신에 대한 연민, 갈망, 편애와 관심을 상대화하고 타인의 입장에 서서 공정하고 객관적으로 사태를 파악하도록 한다. 나의 관심이 다른 사람의 그것보다 더 우선할 수 있다. 그렇지만 그것이 나의 것이기 때문이 아니라 그것이 내용적으로 더 중요하기 때문이어야 한다. 그렇지만 만약 타인의 관심이 나의 그것보다 더 중요하다면 그것이 더 우선할 것이다. 어떤 이를 우리가 정의로운 사람이라고 부른다면, 그는 자신과 타자의 이해가 충돌할 때, 누구의 이해(관심)인지에 관심을 갖기보다는 어떤 이해인지를 중요하게 다루는 그런 사람일 것이다. 우리는 이해들을 평가할 때 항상 우리 자신을 우선시하고, 자신에게 특권을 부여하려는 유혹을 떨치기 어렵기 때문에 이해가 충돌하는 의심스런 상황에서 자신을 초개인적인 입장과 비당파적인 법정에 세우려는 각오는 정의에 해당한다. 즉 자신을 국가법과 공개적 재판에 세우려는 기꺼운 채비가 정의감이다.

정의는 인간들 사이의 관계에서, 특히 부족한 재화를 나누는 것이 문제가 될 때, 하나의 근본적인 균형(조화)을 인정하는 것이다. 유토피아적 세계이겠지만 지속적으로 재화가 넘치는 곳에서는 분배 정의가 문제될 이유가 없다. 실제로 실현된 적은 없지만 칼 마르크스가 공산사회에서는 분배 정의가 더 이상 문제가 되지 않고, 필요에 따라 분배될 것이라고 말한 것도 이 때문이다. 그런데 분배에 있어 균형을 인정하는 것, 즉 정의는 모든 이에게 단순히 똑같이 분배하는 데에 있는 것이 아니라, 부담과 보상의 분배에서의 기준이 처음부터 특정한 사람들 혹은 그룹들을 위해서 마련되거나, 기준을 적용하는 데 특정한 사람들을 위해서건, 반해서건 조작되어서는 안 된다는 데에 있다. 그래서 정의는 눈에 끈을 동여매는 것, 즉 비당파성을 갖는다고 할 수 있다. 『정의론』의 저자 존 롤스(John Rawls)는 이를 '무지의 베일(vail of ignorance)' 이라는 개념으로 설명한다. 그는 한 공동체에서 정의 규범을 최초로 만들 때의 상황을 상상해 보도록 안내한다. 계약 당사자는 첫째, 사회에 관한 일반적인 사실을 알고 있지만 자신의 자연적 재능과 사회적 지위, 자신의 인생계획과 관련된 특수한 사정을 알 수 없도록 무지의 베일을 쓰고 숙고한다는 인지적 조건과, 둘째, 당사자는 합리적 존재로서 자신의 이익은 극대화하고자 하나, 타인의 이해관계에는 상호 무관심하다는 동기적 조건하에서 계약이 이루어진다. 그에 따르면 이것이 원초적 입장이다. 그런 상황에서는 어떤 혈통, 계층, 지위, 재능, 신체적 조건을 가진 사람이 더 유리하게 분배할 수 없는 규범을 만들 수밖에 없다. 자신에 관한 정보가 베일에 가려 있기 때문이다. 비록 이기적인 인간이라도 자기의 조건이 어떤 것인지 모를 경우에는 초개인적 입장에 서게 되고 그로부터 공정한 규범을 만들 수 있다는 것이다.

일반적 이익을 위하여 정의의 엄격한 원칙에 따라 조직된 정부라야 진정한 형태의 정부이다. 지배자의 이익만을 생각하는 정부는 모두 결함 있고 왜곡된 형태다. 국가는 자유민의 공동체인데 이런 정부는 전제적이기 때문이다. 무엇이 정의이고 정당한 것인지는 무엇이 평등인가라는 의미에서 해석되어야 할 것이다. 평등하다는 의미에서 정당한 것은 국가이익의 테두리 안에서 시민들의 공동선이 고려되어야 함을 의미한다. 어떠한 사람 또는 1인 이상이 비록 국가를 구성하는 데 충분하지는 못하나 그들의 덕성이 현저하여 기타 모든 자의 덕성이나 정치적 능력과 비교가 되지 않을 정도로 출중하다면, 그들이 훨씬 저열한 자들과 동등하게 취급되는 것은 정의가 아니다. 아리스토텔레스는 정의를 교환적 정의와 분배적 정의로 구별하고 각각 사물을 교환하는 경우와 부담과 보상에서 분배하는 경우에 적용했다. 아리스토텔레스는 『정치학』에서 정치적 정의는 첫째, 자족을 목적으로 삼고 공동생활을 하는 사람들, 둘째, 자유를 가지고 평등한 관계를 유지하고 있는 사람들 사이에 요구될 수 있음을 언급한다. 이러한 조건은 당시 시민들의 정치참여 영역에만 인정되는 것이었고, 노예, 장인 계급, 이방인들과 시민들 관계에서 인정되는 것은 아니었다. 모든 인간의 천부적 인권을 인정하는 현대세계에서도 사회와 경제, 법에서 문제되고 있는 것은 역시 분배적 정의이다.

분배의 성격을 어떻게 볼 것인지에 관한 중요한 입장에는 어떤 것들이 있을까?

첫째, 분배는 강자의 권리라는 입장이 있다. 이 입장에서는 현실적으로 정의는 힘을 마음대로 부리는 강자들의 덕이라고 주장한다. 약자들은 균형에 관심을 가질 어떤 덕도 필요하지 않다. 그들도 역시 균형에 관심을 기울인다. 그것을 통해서 자신의 삶을 개선할 수 있기 때문이다. 그러나 그는 균형을 세울 수 없다. 약하기 때문이다. 완전히 기능하고 있는 자유로운 시장처럼 동일함(교환적 정의만 있음)이 지배하는 곳에는, 어떤 정의도 유린되지 않는다. 왜냐하면 모든 이가 자기가 얻을 수 있는 것을 취하기 때문이다. 그러나 자기 자신의 교환적 이익과 다른 기준, 즉 분배를 요구할 수 있는 것은 강자들의 특권이다. 신자유주의 경제학파는 이런 관점에서 분배적 정의라는 것은 본래 존재하지 않고 분배는 강자들의 특권이라고 주장한다. 그럼에도 분배될 수 있다는 관점들은 매우 상이해 거기에 대해 항상 논쟁이 발생한다. 이 논쟁은 법치국가적 기구들에 의해 가능해지고, 시정을 위한 모든 해결책은 개방되어 있다는 것이 중요하다. 분배에 관한 관점을 수정하기가 매우 어렵고, 한 번 얻은 특권층의 특권이 보장된 전체주의적 국가에 비하면 그나마 낫다고 할 수 있다. 그러나 이것으로 정의에 관한 관념이 충분히 논의된 것이 아니다. 항상 권력의 차이를 인정하고 따라서 강자들의 정의에 관한 덕이 요구된다 하더라도, 문제가 발생한 상황에서 사회의 분열과 혼란을 피하는 제도를 만드는 데 함께 노력하는 것은 정의의 덕에 해당된다. 사람이 타인을 조건 없이 그저 은혜로 다루거나 혹은 무자비하게 다루는 것은 이 타인이 올바른 것을 지향하고 추구하는 인간이라는 사실에 모순을 야기하고, 근본적인 균형에 대한 요구에 반하는 것이다. 따라서 권력의 통제, 힘의 배분이 정의에 속하고, 자신의 권력의 제한을 법적기구를 통해 동의할 채비가 강자의 정의에 속한다고 할 것이다.

둘째, 임의적 관점에서 분배된다는 입장이 있다. 정의란 단지 그 사회에서 일반적으로 받아들여지고 있으면 되고, 어떤 이해에 의해 결정되는 것이 아니라고 주장한다. 예컨대 티베트에서 달라이라마를 선발할 때, 특정한 점을 가지고 있는 아이를 선정했다고 해서 이 선발 과정이 처음부터 불의하다고 설명할 수 없다는 것이다. 이 선발 과정 이면에 신적인 힘이 어떤 표시를 드러내 영적이고 세속적인 권력을 받을지를 인식하도록 한다는, 일반적으로 알려진 신념이 있는 한, 선택 기준의 정의성에 관해서는 문제가 되지 않는다. 다만 이 신앙의 진리성이 문제가 될 수는 있겠지만 티베트에서는 그 누구도 그것을 의심하지 않는다. 여기서 말하는 정의는 무엇보다도 비당파성이다. 그럼에도 계몽된 문명에서 인간은 중요한 분배 기준들을 중요하지 않은 기준들과 구별할 가능성을 가지고 있다. 물론 여기서도 자주 중요한 관점들이 서로 경쟁하고 있으며, 이 관점들을 하나의 위계로 질서 짓는 것은 쉬운 것이 아니다.

셋째, 사람의 욕구(필요)에 대한 관계 안에서 비례적으로 분배된다는 입장이 있다. 그리스도교 문화, 즉 이웃 사랑이라는 계명에서 시작한 관점으로서 스스로 자신을 돌볼 수 없는 사람은 그의 필요의 정도에 따라 돌봐주어야 한다는 원칙이다. 다수자에게 이 원칙의 적용을 책무로 부과하는 것이 불의하지 않는다고 보는데, 이 시기는 공산주의가 주장하듯이 계급이 없어지고, 생산성이 높아지면 가능해지는 풍요로운 사회가 아니라 지금이어야 한다고 주장한다. 어느 정도의 이웃 사랑이 정의의 기준이 된다. 실제로 유럽의 그리스도교 국가에서는(독일, 프랑스, 오스트리아 등) 형법에 긴급의무구조 위반죄가 있어서 절대 빈곤이나 긴급한 상황의 곤경에 빠진 이웃을 원조하지 않고 지나치는 사람을 처벌하고, 국가에게 이에 대한 책임을 묻고 있다. 이런 법규정은 여기서 말하는 필요에 따른 분배 정의를 실현한 것이라고 할 수 있다.

지구온난화로 말미암아 인간과 동물의 생존이 위협받고 생태계 파괴 문제가 심각한 현대세계에서 이슈가 되고 있는 것은 세대 간의 정의이다. 현세대의 경제적 혜택과 삶의 질을 높이기 위해서 개발이라는 이름으로 자원을 고갈시키고, 생태환경의 파괴도 서슴지 않는다면 후세대에게는 많은 빈곤과 고통을 안겨다 줄 것이다. 또한 소위 선진산업국들은 생태계보존이라는 이름으로 삼림개발을 제한하거나 탄소배출량을 통제하여 개발도상국가나 후진국의 산업발전은 과거에 비해 더 어려운 상황에 처하게 되는데 여기서도 남북 간의 정의 문제가 이슈가 될 수 있다.

## 참고문헌


- J. Rawls, *A Theory of Justice*, Revised Edit, 1999(황경식 역, 『정의론』, 2003).
- F. Ricken, *Allgemeine Ethik*, 2003(김용해 역, 『일반윤리학』, 2006).
- R. Spaemann, *Moralische Grundbegriffe*, 1994.

# 7장 신념과 책임 그리고 양심

앞 장에서 우리는 인간의 행위를 정당화하는 것으로서 정의에 관해 살펴보았다. 정의는 하나의 항구한 내적 태도로서, 부족한 재화의 분배나 분배에 대한 요구가 있을 때 자기 자신의 이해와 자기 개인적 선호와 애정으로부터 벗어나 타인들을 향해서 정당한 근거를 제시할 수 있는, 즉 정당화할 수 있는 나름대로의 준비가 되어 있는 사람의 덕이라는 것으로 정리했다. 정의는 그러나 곧 산술적 평등만을 이야기하는 것이 아니라 분배적 평등을 말하기도 하는데, 그럼에도 분배의 부동일성은 근거, 즉 비례적 분배의 비례에 대한 근거가 있어야 한다. 한 회사 내의 사원들의 임금 분배가 직급, 경력, 일의 중요성, 노동시간에 근거해 다를 수 있어도(합리적인 기준이 제시되고 근거 지어져야 함), 어떤 특정 사람이나 집단의 차별성에서 근거 지어질 수 없다. 정의는 따라서 각 개인이 존재 그 자체 때문에 존중받는 '사회적 인정'을 의미한다. 토마스 아퀴나스는 다른 덕, 즉 지혜, 지식(인식), 기술과 같은 덕은 자기 개인 안에서 발생하지만 정의는 타인과의 관계에서 발생하며 자신의 욕구에서 벗어나 타인을 자기와 똑같은 인격으로 인정하는 가운데 정당한 것을 택해야 하므로 가장 뛰어난 덕이라고 생각했던 것이다.

흔히 지혜로운 판관의 대명사로 솔로몬을 이야기하는데, 한 어린애를 두고 서로 자기 아이라고 주장하는 두 여인에 대한 재판에서 비롯된다. 솔로몬은 싸우는 여인 앞에서 그 아이를 칼로 베어 둘로 나누라고 명령한다. 이윽고 한 여인이 울음을 터뜨리며 자신이 아이의 친권을 포기할 테니 제발 아이를 죽이지 말 것을 당부하게 되었고 이로써 솔로몬은 진짜 엄마가 누구인지를 판결해 아이를 돌려주었다. 진짜 엄마는 다름 아닌 울음을 터뜨리며 친권을 포기하려는 그 여인이었던 것은 자명하다. 정당한 분배가 현실적으로 불가능한 상태에서 재화를 어떤 관점이든지 그 누군가에게 소유하도록 하는 것보다 차라리 없애는 것은 윤리적이지 않다. 어떤 중요한 관점이 발견되지 않으면 이 재화가 우연히 이미 소유하고 있는 사람의 몫으로 혹은 권리로 남는다. 주인이 없는 물건을 습득한 경우나 아무런 소유권자의 저항 없이 20년 이상 부동산을 사용한 사람에게 소유권을 이전하는 것은 이런 자연법적 정신의 예이다.

어떤 사람이 정당화되는 것은 정의 관념을 뛰어넘는다. 즉 정의감으로 모든 것이 정당화되는 것이 아니라는 뜻이다. 거기에 인식(앎)과 동시에 사랑(호의)을 요구한다.

인간이 무엇이며 인간에게 무엇이 좋은지에 관한 지식이 없으면 우리는 그르게 행동하게 된다. 아이에게 사탕이나 텔레비전 시청을 마음껏 허용하는 사람도 아이를 사랑한다고 말할 수 있다. 그런데 그는 아이를 망치려는 일을 하고 있다. 사랑이 사태와 그 결과에 대한 지식과 결합할 때 최선이다. 어떤 이가 악행을 하려는 경우 그에게 지식은 오히려 나쁘다. 알면 알수록 더 많은 악행을 할 수 있기 때문이다. 여기서 말하는 사랑은 그저 애정으로 이해해서는 안 된다. 사랑을 가졌는지, 가지고 있지 않은지는 우리의 인식 밖의 문제이다. 여기서 사랑은 호의, 상대방에게 좋은 것이 오도록 하는 의지를 말한다. 토마스 아퀴나스가 정의(正義)를 정의할 때, "각자에게 각자의 것을 주는 것"이라고 했는데 정의(正義)를 가장 잘 설명해 주는 것이 아닐까 싶다. 이 호의는 인간에게만 해당하는 것이 아니라, 다른 동물, 식물에게도 해당된다. 즉 어떤 필요성도 없이 동물에게 고통을 가하는 것은 정당하지 않다. 실재에, 특별히 타인의 실재에 맞갖은 올바른 태도라고 주장할 것이 존재하는가? 그것이 없이는 어떤 선한 삶도 없다고 보는, 호의를 요구하는 무엇이 존재하는가? 선하기 위해서는 우리의 행위가 정의를 넘어 충족시켜야 하는 어떤 기준을 가지고 있는가? 이에 대한 답으로 철학사에서 늘 논란이 되었고 막스 베버에 따르면 한 번도 통합된 적이 없다고 하는 두 가지 입장, 즉 신념윤리학과 책임윤리학이라는 개념을 들 수 있다.

## 1. 책임윤리학 혹은 신념윤리학?

책임윤리학을 주장하는 사람은 행위를 할 때 예견할 수 있는 결과 전체를 고려한다. 따라서 그는 사실의 가치내용 전체를 살피면서 어떤 결과가 최선인지 묻고, 거기에 상응해서, 즉 만약 무엇을 해야 할 경우, 그가 제쳐 두고 미처 살피지 못하면 나쁘다고 지적받을 것을 행한다. 예로서 어떤 의사가 환자에게 그의 건강상태에 관해 진실이 아닌 것을 말하는 경우이다. 만약 그가 환자에게 말기 암 환자로서 수술을 통한 치유도 불가능하다는 절망적인 선고를 할 경우 환자는 이를 평화롭게 수용하지 못하여 심리적인 불안정성을 유발해 더욱 상태를 악화시킬 수 있다. 의사는 그가 진실을 소화할 수 없을 것임을 두려워하여 진실을 말하지 않는 경우 책임윤리학적 관점에서 행한다고 말할 수 있다. 마찬가지로 전쟁 가능성을, 즉 긴급한 상황에서 전쟁을 할 준비가 되어 있음을 강조하는 정치가는 그것을 통해 국민들이 공포에 사로잡힌다 하더라도, 전쟁발발 가능성을 줄여 나간다면 책임윤리학적으로 행동한다고 할 수 있다. 이에 반해 신념윤리학을 지지하는 사람들은 어떤 경우에도 살상하지 않으려는 평화주의자들이다. 평화주의의 확산이 한편으로 전쟁 위험을 더 키우는 경우에도 그들은 자신의 행동을 바꾸려고 하지 않는다. 그들은 모두가 평화주의자이면 어떤 전쟁도 있을 수 없고 따라서 한 번은 그렇게 시작해야 한다고 주장한다. 평화주의가 보편적이 아니어서가 아니라 현재 그 입장이 미약해서 가능적인 반대자를 자극할 수 있다는 주장에 대해 그것은 자신들의 책임이 아니라고 답변한다. 살상이 있게 된다 하더라도 자신은 거기에 참여하지 않겠다고 주장한다.

막스 베버는 이 마지막 대립, 논증적으로는 더 이상 진행될 수 없는 대립을 다루고 있다. 미국의 요청으로 한국 정부가 이라크 파병을 결정했을 때에 사회적으로 야기된 논쟁이 그 좋은 예가 될 수 있다. 베버는 책임윤리학의 입장은 정치가들의 것이고, 신념윤리학은 성인들의 입장이라고 말했는데, 매우 드물었지만 거룩하면서도 동시에 성공적인 정치가도 있었다는 사실을 그는 놓치고 있다. 오늘날 이 신념 대 책임윤리학의 대립은 의무론적 도덕과 목적론적 도덕 또는 공리주의의 대립으로 볼 수 있다. 헤겔은 "행위 시에 결과를 고려하지 않으려는 기본입장(신념주의)과 결과를 가지고 행위를 판단하고, 결과를 옳고 선한 행위의 기준으로 삼는 다른 기본입장(공리주의), 이 모두가 추상적인 이성이다"라고 비판한다.

실제로 행위의 결과를 전혀 살피지 않는 윤리학은 없다. 특정한 작용(결과)을 고려하지 않고 하나의 행위가 정의되는 것은 불가능하기 때문이다. 행위란 결과를 일으킴을 의미한다. 예컨대 모든 거짓말이 비난받을 만하다고 여기는 사람은 거짓말의 모든 결과를 보는 것이 아니라 하나의 결과, 즉 거짓말이 거짓을 만들고, 타인에게 실망과 오해를 야기하는 결과를 관찰한다. 이 결과가 없으면 거짓말이 성립하지 않는다. 결과를 고려하지 않는다면 실화가 아닌 모든 동화는 거짓말과 동일하게 된다. 따라서 신념 혹은 책임으로 모든 문제가 해결되는 것이 아니다. 또한 결과만을 고려하거나 결과를 소홀히 하는 것이 윤리적 평가의 유일한 관건도 아니다. 어느 정도의 결과에 대해 행위자가 책임을 지느냐가 중요하다. 일반적으로 결과에 대한 책임을 말할 때 행위 이전의, 자기 행위의 인과관계로 주어지는, 즉 예측 가능한 결과만을 의미한다. 히틀러의 죄악을 히틀러의 부모가 책임질 것은 아니다. 그들의 양육과 교육의 결과로 히틀러의 죄악이 발생했다는 인과관계 사슬을 만들어 갈 수 있을지라도 그들이 그것을 예측할 수는 없었을 것이다. 여기서 깊이 생각해 봐야 할 것은, 어떤 특정한 결과는 결코 야기되어서는 안 되는 것이 있는지, 혹은 반대로, 상황에 따라서 길게 보아 긍정적인 결과 전체가 이를 정당화하면, 모든 행위가 다 허용되는지가 중요하다. 즉 전통적인 질문으로 목적이 수단을 정당하게 하는지가 중요하다.

책임윤리학에서는 의심할 것 없이 목적이 수단을 정당화한다고 생각한다. 의사가 상황에 따라 다리나 신장을 잘라 내는 것은 몸 전체의 건강을 위해 필요하며 이는 정당화된다. 의사가 환자의 더 중요한 건강을 위해 술이나 담배를 즐기는 것을 그만두도록 하는 것도 정당화된다. 그러나 구소련의 심리치료사가 인민들에게 유해하다고 여겨진 반체제 인사들을 병원에 감금하고 이들의 의지를 꺾기 위해 마약을 쓴다면 정당화될 것인가? 우리의 상식으로는 의사의 책임은 환자의 건강을 위해 최선을 다하는 것이지, 그 외에 어떤 결과와 관련된 책임에 자신의 소임을 종속시키는 것은 의사의 윤리에 어긋나는 것이 아닐까? 여기서 공리주의는 여러 근거에 의해 유지되지 못한다.

첫째, 공리주의적 계산은 우리 행위의 장기적 시점의 결과가 복잡하고 분명하지 않기 때문에 실패하게 된다. 우리가 행위의 결과 전체를 고려해야 한다면 이런 계산 결과가 나오기 전에는 행동으로 나아갈 수가 없다. 가난한 나라에서는 전체적으로 보아 결국 삶의 조건을 향상시키는 방향으로 나아가야 한다. 이것이 성공할지는 모른다. 전체적으로 봤을 때 무엇이 우선시되고, 누가 이것을 결정할 것인지는 알 수 없다. 미리 모든 결과를 계산하고 그런 판단을 해야 한다면 어느 누구도 행동할 수 없게 된다. 다른 한편 장기적으로 보면 나쁜 것에서 좋은 것이 발생하기도 한다. 예수를 배반한 유다는 그 행위의 결과로 모든 이가 구원받을 수 있게 되었다고 할 수 있다. 그리하여 그의 행위는 결과적으로 정당화되는가? 모든 범죄도 거기에는 목적이 있는데, 그 목적이 선하다면 범죄라는 수단은 정당화되는가? 베버의 의미로 말하자면 책임윤리학은 사실상 근본적인 신념윤리학과 전혀 차이가 없게 된다. 어떤 결과를 고려할 필요도 없이 신념대로 행하면, 그 신념의 목적이 선하므로 어떤 수단도 용납되기 때문이다.

둘째, 공리주의는 보통 사람들의 윤리적 판단을 결국 전문가의 기술이나 도구적 지성에 맡겨야 함을 의미한다. 공리주의는 윤리적 규범을 기술 규범으로 바꾼다. 왜냐하면 이 학설에 따르면 행위의 윤리적 질은 그 행위 자체에 있는 것이 아니고, 인간은 행위를 위해 보편적인 효용 기능을 알아야 한다. 이것을 해명하는 것은 결국 전문가의 일이다. 나치시대에 청년 친위대원들이 유대인 어린이를 처치하도록 명령받았는데 아마 많은 이들이 양심에 가책을 받았을 것이다. 그런데 그들은 공리주의 이론, 즉 유대인들의 존재가 전 인류에 해가 된다는 이론 때문에 그들의 양심을 침묵으로 가져가게 된 것이다. 그들이 너무 둔하고, 감정이 격화되어서 이 이론이 그릇되었음을 파악하지 못했다 하더라도 그들이 유지했어야 하는 것은 '사람은 죄 없는 어린이를 죽여서는 안 된다'는 단순한 생각이 아니었겠는가? 공리주의는 따라서 이데올로기나 전문기술가를 위해서 각 개인의 양심, 실천이성에 금치산 선고를 하는 셈이다. 실제로 실험을 통해서 알려진바, 사람들을 이런 공리주의적 이론으로 교육하고 평상시에 범행으로 여긴 일을 시킬 때 양심을 무장해제한 채 행하는 것을 볼 수 있다. 독재정부나 반민주주의 정권은 국가안보, 또는 경제건설이라는 공리적 이념하에 정당한 절차를 무시하거나 반대자에게 고문 등 반인권적 처단을 서슴지 않지만 그 사회에 공리주의 이데올로기가 지배하는 곳에서는 시민들이 반항하는 모습을 보이지 않는다.

셋째, 공리주의자는 이른바 전문가들에 의해서 쉽게 조종될 뿐만 아니라 범죄자들에 의해서도 쉽게 강요당할 위험이 높다. 이들은 100명의 사람이 죽는 것보다 한 사람이 죽는 것이 더 낫다는 이유로 상황에 따라 행동할 준비가 되어 있다. 그러나 한 사람의 죄 없는 사람을 죽이는 것은 어떤 경우에도 범죄라는 입장에 서 있는 사람은 이 논리에 굴복하지 않는다.

우리가 지금까지 숙고해 본 결과, 우리의 윤리적 책임은 행위 전에 예측이 가능한 결과라는 한계 안에서 올바르게 이루어질 수 있고 규정된다는 사실을 알게 되었다. 그래야 자의적으로 조작되지 않는다. 즉 우리는 모든 순간에 모든 작위와 부작위의 결과 전체를 책임져야 한다는 생각에서 출발해서는 안 된다. 이것은 한 인간에게 너무 과도한 책임을 요구하는 것이다.

어느 정도까지 행위자의 책임성이 미치는지를 살피는 것은 매우 광범위한 문제이다. 일반적으로 의사의 책임성의 범위는 정치가보다 좁고 단순하다. 이 문제는 오히려 이런 물음이 더 의미가 있을 수 있다. 모든 사람이 사람으로서 갖게 되는 사람의 책임성이라는 것이 존재하는가? 인간을 침해하는 어떤 특정한 행위가 있는가? 칸트는 모든 이에게 해당하는 요청을 다음과 같이 서술했다. "우리는 어떤 행위를 함에 있어서도 우리 자신들이나 타인을 단지 수단으로 대해서는 안 된다." 물론 우리는 타인의 특정한 능력이나 업적의 덕을 보며 살아가고 있다. 그러나 여기서 우리는 그가 그의 입장에서 자기목적적이며 그는 어떤 경우에도 자기의 업적에 대해 동료 인간들에게 어떤 보상을 요구할 권리가 있다는 것을 무시하는 것이 아니다. 그가 인격임을 부정하는 것이 아니다. 그러나 다른 어떤 경우에 인간을 인격으로서 부정하는 행동양식이 분명 있다. 예컨대 그가 자기목적으로서 부정될 때, 그가 노예상태로 대해질 때, 그가 고문당할 때, 그가 무고한 사람으로 죽임을 당할 때, 그가 성적으로 희롱당할 때 등을 들 수 있다.

행위 자체로 항상 (동기와 결과에 상관없이) 총체적으로 선인 경우는 없다 하더라도, 행위 자체로 항상 악인 경우는 있다. 이 행위는 인간의 존엄성, 즉 인간의 자기목적적 성격에 반하기 때문이다.

## 2. 양심실재론

양심이란 말은 처음부터 분명하지 않다. 그것은 여러 경우에 사용된다. 우리는 매일 자신의 의무를 정확하게 이행하는 사람을 '양심적인 사람' 이라 부른다. 그런데 어떤 사람이 이러한 의무를 깨뜨리고 저항을 할 때에도 우리는 양심에 대해 이야기한다. 우리는 양심을 각 개인의 절대적으로 존중해 주어야 할 성소(거룩한 장소)로 표현하기도 하는데, 이는 헌법이나 인권의 '양심의 자유' 에 의해 보호받아야 할 영역이다. 그럼에도 소위 양심범에게는 큰 형량을 선고하기도 한다. 어떤 이는 양심을 인간 안에 있는 신의 목소리라 생각하고, 다른 어떤 이는 어떤 훈련된 산물, 즉 본래적으로 외적 지배 규범이 훈육을 통해 내면화된 것으로 보기도 한다.

양심에 관해 말하는 것은 인간의 존엄성에 관해 말하는 것이다. 한 인간에 대해 말하는 것은 일반성이나 보편성의 하나의 경우나 전체 인간 종의 한 예시로 있지 않고, 한 개별자 그 자체로 하나의 전체, 스스로 보편성이라는 것으로 존재한다. 우리 각자 한 사람은 대한민국인의 한 예가 아니고 각자가 대한민국인 것이다. 더 나아가 우리 각자 한 사람 한 사람이 모두 인류 자체이다. 인류의 일부가 아니라는 뜻이다.

하나의 돌멩이는 자연의 법칙에 의해 위에서 아래로 떨어진다.

이 자연법칙은 돌멩이 밖에 존재한다. 즉 돌멩이는 그 법칙을 알지 못한다. 관찰자인 인간이 보편적 법칙의 예로서 그의 경우를 파악한다. 둥지를 만드는 새는, 자기의 의도(의지)에 따라 자기의 종을 보존하고, 혹은 자기 새끼들의 행복을 위해 어떤 염려와 노고를 아끼는 것이 아니다. 내적 충동, 즉 본능이 그로 하여금 무엇을 하게 하는데 그것의 의미는 새에게 감춰져 있다. 새가 더 이상 새끼를 기대할 수 없는 새장에 홀로 갇혀 있을 때에도 둥지를 만드는 것을 관찰할 수 있다. 그러나 인간은 자신이 하는 것을 왜 해야 하는지 알 수 있다. 그는 분명히 그리고 자유롭게 자기 행위의 의미를 향해 행동한다. 내가 어떤 특정한 것을 행하고 싶은데 그 행위의 결과가 타인을 침해하는 것이라면, 나는 이 결과를 검토할 수 있고 이것이 옳은 것인지, 내가 책임질 수 있는 것인지를 물을 수 있다. 우리는 우리 자신을 우리의 눈앞의 이익과는 무관하게 초개인적으로, 관조적으로 만들 수 있고, 우리 행위에 중요한 가치들의 객관적 위계에 따라 행동할 수 있는 능력이 있다. 양심 안에서 선들의 객관적 질서와 그것을 감안하도록 하는 요구가 우리 자신의 의지에 적용되도록 하면서 보편성의 지평은 열린다. 앞에서(3장. 덕과 수양) 살펴보았듯이 양심, 실천적 지혜(phronesis)는 우리 자신에 대한 우리 자신의 요구이자 규율이다. 내가 타인을 침해하고, 병들게 하며, 상처를 입히는 것을 통해 나는 나를 직접적으로 상하게 한다. 내 안에 자리 잡고 있는 보편성을 요구하는 나의 목소리를 억압하기 때문이다. 이로써 우리는 스스로 기를 펴지 못한다. 생명력을 상실하게 된다.

이때 우리는 '나는 나쁜 양심을 가지고 있다' 고 말한다.

양심은 유한한 존재 안에 있는 절대적 관점의 현존이다. 이 관점이 정서와 감정의 구조에 닻을 내리고 있다. 각 개인의 양심, 실천이성 안에 보편성, 객관성, 절대성이 벌써 현존해 있기 때문에 우리가 양심을 이야기하면 이는 인간의 존엄성과 관련된 것이다. 즉 각 인간 안에 그 자체로 절대성, 보편성이 어떤 형태로든지 작용하고 있다고 보기 때문이다.

양심은 하나의 이중적인 정신적 운동으로 표현되어야 한다. 한편으로 이 운동은 인간을 초월하게 이끈다. 이 운동은 자기 자신에게 자기 자신의 관심과 욕구를 상대화하도록 하고 그 자체로 선하고 옳은 것이 무엇인지를 묻도록 만든다. 미리 어떤 것도 계획하지 않고 확실하게 하기 위해서 그는 타인과 함께 선과 정의에 대해 대화를 나누고 삶을 알며 윤리 공동체에서 더불어 산다. 그는 행위의 근거와 반대근거들을 알기 위해 노력한다. 어떤 이가 '나는 윤리나 근거들에 전혀 관심 없어. 나는 무엇이 옳고 선한지 나 스스로 알아' 라고 말한다면 그는 객관적이고 일반적으로 자신의 삶을 영위하는 사람이 아니다. 그가 양심이라고 부르는 것은 개인적인 기분이나 감정, 개인적 성벽과 전혀 구별할 수 없는 것이다. 공동체 안에서 양심을 형성하고 소통하려는 자발적인 개방성이 없으면 양심도 없는 것이다. 이중적인 정신적 운동은 또 다른 한편으로 각자가 다시 전적으로 자기 자신에게 돌아오려는 운동이다. 자기를 초월하려는 운동뿐 아니라 자기 자신이 되고자 하는 운동 역시 양심에 속한다. 위에서 말한 대로, 각 개인이 스스로 잠재적으로 보편성을 띠고, 스스로 의미의 전체라면, 그는 자기 행위에 대한 책임을 타인에게나, 자기 시대의 풍속이나, 윤리 담론장에서 만난 익명의 그 누구에게도 전가하거나 의탁하지 않는다. 물론 그는 지배적인 견해에 자신을 동일화해 행동할 수 있고 많은 경우 그것이 이성적일 수 있다. 그러나 항상 마지막에 가서는 개개인 자신이 책임을 져야 한다. 여기서 책임을 진다는 말은 앞에서도 언급한 적이 있지만 행위에 대한 자기 자신의 근거를 가지고 있다는 의미이고, 따라서 이 근거를 가지기 위해 그 행위 자체에 대한 지식은 물론 그 결과에 대한 선들의 숙고를 마쳤다는 의미이다. 자신의 의지를 어떤 권위에 순명하여 그 권위에 따를 수도 있다. 그리고 그것 역시 옳을 수도 또 합리적일 수도 있다. 그러나 순종에 마지막 책임을 져야 하는 것은 다름 아닌 자기 자신이다. 양심은 근거들과 반대근거들을 숙고하는 대화 안에서 존재한다. 그러나 어느 경우에는 근거와 반대근거가 이뤄지기 전에 행위를 해야 한다. 그는 따라서 언제 숙고 과정에서 빠져나와 토론을 마치고 확신을 가지고 행동으로 옮겨야 하는지 결단을 내려야 한다.

우리로 하여금 토론을 마치도록 하는 확신을 양심이라 칭한다. 양심은 항상 객관적으로 최선을 다하고 있다는 확실성에 근거하기 때문이다. 정치가, 의사, 부모 그 모두도 항상 확실한 것을 아는 것은 아니다. 그러나 그들이 알 수 있는 것은 그것이 그들에게 어느 순간 그들이 인식할 수 있는 최선의 것들이라는 점이며, 그것을 양심이 확신하기에 충분하다. 왜냐하면 우리가 보았듯이 하나의 행위를 정당화하는 의미는 공리주의자, 결과주의자들이 주장하는 것처럼, 그것의 전체의 결과에 있는 것도 아니고, 그런 결과가 있을 수도 없기 때문이다.

프로이트(S. Freud)는 인간의 정신을 초자아, 자아, 이드(id)로 구별한다. 이드(id)가 인간의 본능이라고 한다면 초자아는 어렸을 적부터 들어 온 부모나 사회의 훈계나 규범이 형상화된 것이다. 프로이트는 초자아가 자아로 하여금 이드(id)에서 해방되도록 작용하지만, 더 나아가 참 내가 되기 위해서는 초자아의 절대적 힘에서 해방되어야 한다고 주장한다. 많은 사람들이 프로이트처럼 이 초자아를 양심으로 착각하거나 혹은 이 초자아를 부정하는 것이 양심이라고 생각하는 경우가 많다. 행위를 할 때 머리 뒤에서 즉발적으로 명령하는 초자아에 적응하려는 반사작용이 양심이 아닌 것만큼, 초자아에 즉각적으로 반대하는 다른 방식으로 나아가려는 반항작용도 양심적인 것이 아니다. 양심은 이렇게 양극단으로 숙고의 어려움을 회피하는 데에 있지 않고 행위의 내용이 무엇인지를 직시하면서 그 결과들을 면밀히 검토하는 데에 있다. 따라서 자신 안에 일어나는 상반되는 감정을 조화롭게 바라다보면서 객관적 선의 경중을 따지는 숙고가 양심의 본질이다. 토마스 모어는 그의 왕 헨리 8세에게 충실한 신하였지만 왕이 애인과 결혼하기 위해 원래의 부인을 죽이고, 그다음 둘째 부인과 이혼을 하려 할 때는 더 이상 순종할 수만은 없었다. 결국 고민 끝에 충언을 하게 되었고 헨리 8세의 마음을 돌리지 못한 채 단두대에서 목이 잘려 나갔다. 이렇듯 양심은 적응반사에 대한 욕구에도, 그것에 반대하는 욕구에도 있지 않고, 해서는 안 된다는 그 무엇이 있다는 고요한 내적 확신에 있다. 이 확신은 자기 자신과 매우 강렬히 동일화되어 '나는 해서는 안 돼'라는 마음을 '나는 할 수 없어'라는 마음으로 변화시킨다. 본능에 따라 행하는 사람이, '나는 그 외 다른 것을 행할 수 없어'라고 말하는 것과 양심에 따라 행하는 사람이 '나는 그 외 다른 것을 행할 수 없어'라고 말하는 것은 밤과 낮처럼 명백히 다른 내적 상태를 말하는 것이다. 전자는 자기 자신에게 불만족스럽고 결국 자유스럽지도 떳떳하지도 않다. 후자는 자유의 표현으로 그렇게 이야기한다. '나는 양심과 다르게는 행하지 않겠다. 나는 양심과 다른 것을 욕구할 수 없어, 나는 또한 양심과 다른 것을 할 수 있는 것을 원치 않는다.' 이런 사람이 진정으로 자유로운 사람이며, 그리스 철학자들이 말했듯이 자기 자신을 만족시키는 사람이다.

양심은 대화를 통해서 형성되고, 말은 사회성을 띠고 있다. 그렇다면 도대체 '자율적 결단'이란 무엇인가? 자기규정 또는 자기결정이라는 것이 가능할까? 인간은 본래적으로 그 자체로서의 자기 자신이 되기 위해서 타인의 도움이 필요한 존재이다. 양심에 관해서도 마찬가지이다. 모든 사람에게 양심, 즉 선과 악을 관장하는 기관의 기초가 있다. 어린이들에게서 이를 명확히 볼 수 있다. 어린이들도 정의에 관한 감각을 가지고 있다. 주위에 정의롭지 못한 것이 있으면 화를 내고 선과 악에 대한 감각을 발휘한다. 어린이들은 이

가치들을 하나의 권위 아래 두지 않고 이 감각 자체를 돌본다. 그러나 일찍부터 강자의 권력이나 권위에 기대게 되면 공정과 부드러움, 개방성의 감각을 잃게 된다. 단어와 언어는 처음에는 진리의 투명성을 가져다주는 수단이었는데, 점차 위협에 의해서 공포심을 갖고 그것으로부터 벗어나기 위해서 거짓말을 해야 하는 것을 배우게 되는 곳에서, 혹은 부모가 그들에게 거짓을 말하고 거짓말이 일상에서 일반적인 수단으로서 사용되는 곳에서는 그 양심의 빛은 사라지고 다만 왜곡된 형태만 형성된다. 어떤 이가 실제로 잘못을 했으면서도 어떤 양심의 가책이나, 좋지 않은 양심을 가질 수가 없다면 이는 하나의 병이라고 할 수 있다.

양심은 항상 옳은가? 양심은 항상 옳은 것이 아님은 명백하다. 우리의 오감과 우리의 이성이 우리를 오류로 이끄는 것처럼 양심도 마찬가지이다. 양심은 우리에게 방향을 지시하고 우리의 이기주의적 관점을 극복하도록 하고 그 자체로 올바른 것, 즉 보편적인 것을 보도록 격려한다. 그러나 이러한 것을 볼 수 있기 위해 사태를 숙고하고, 그 원인을 인식하며, 윤리적으로 사태를 평가하는 것이 필요하다. 이것은 올바른 가치질서에 대한 파악을 의미하는 것이며, 이데올로기에 의해 파괴된 집착을 의미하는 것이 아니다. 인간의 존엄성은 인간이 가치의 전체이기 때문이라고 받아들여진다. 객관적으로 좋고 옳은 것은 인간에 의해서 옳게 인식될 수 있어야 한다. 인간에게는 단지 객관적 선만이 있는 것이 아니다. 만약 그가 객관적 선을 좋은 것으로 인식하지 못한다면 그것은 그에게 좋은 것이 되지 못한다. 그가 자기 양심에 따라야 한다는 것은, 그가 객관적인 선으로 여기는 것을 행해야 한다는 것을 말한다. 정말로 좋은 것은, 객관적으로 그리고 주관적으로 올바른 것이어야 한다. 결국 나는 내 행위의 주인이 되어 스스로 책임을 지기 위해서 내 양심의 소리를 존중하고 타인의 가치판단에 개방적인 자세로 대화하려는 태도를 가지면서 최종 결단을 내려야 한다. 객관적인 근거들에 반대해 결정하는 것도 양심의 실행이다. 토마스 아퀴나스는 의지가 오류 있는 양심판단에 의지하여 행위를 하게 될 경우 그 의지는 결코 악하지 않다고 말한다. 양심은 실천이성의 지시이므로 오히려 이성에 거스르는 모든 의지의 활동은 그것이 옳든 그르든 항상 악이다. 결과적으로 잘못 인도하는 양심이라도 인간에게는 자기의 양심에 따라 행동해야 할 무한한 도덕적 의무가 있다. 왜냐하면 양심판단이 지금 여기에서 무엇을 하는 것이 옳은지를 말하고 있고, 책임질 행위를 결정해야 하는 유일한 판단 작용이기 때문이다. 물론 사후에 무지에 의한 판단 오류를 인정하고 이를 시정하려는 이성 역시 양심에 속한다. 양심에 따른 의지 활동을 통해 인간은 더욱 자율적이고 자유로운 존재가 되어 간다.

타인의 양심 또한 항상 존중해야 하는가? 확실히 인간은 자기 자신 앞에서 자신의 양심에 따를 의무를 갖는다. 그러나 그가 그런 상황에서 타인의 권리를 침해하게 되면, 즉 타인의 권리와 그의 의무가 상반되면, 타인과 국가에게는 그가 그렇게 행하지 못하도록 할 권리가 있다. 한 인간의 권리가 타인의 양심에 따른 판단에 의해 좌지

우지되지 않도록 하는 것은 인권에 해당한다. 태어나지 않은 태아의 생명권이 부모의 양심에 따르는 의무감과 충돌하는 경우는 어떠할까? 우리나라의 형법이 어떤 경우에 낙태를 인정하고 있더라도, 태아는 보호받을 가치가 있는지 토론해 볼 수 있다. 이러한 문제는 전적으로 어머니의 양심에 맡겨져야 한다는 것은 무책임한 일일 것이다. 태아에게 생명권이 없다고 한다면 이에 대해 양심을 가지고 애쓸 필요가 없다. 그러나 태아에게 생명권이 있다고 한다면 그것은 타인의 양심의 어떤 태도에 따라 운명 지어질 수 없게 된다.

국민 대다수가 정당하다고 여기는, 한 법치국가의 법률에 순명해야 하는 의무가 어떤 이에게만 축소될 수 없다. 예컨대 어떤 이가 자신의 양심에 따라 세금을 내는 것을 주저하여 법률을 어기면서 다른 사람들의 비용으로 세워진 사회 기반시설을 사용한다면 그는 벌을 받아야 한다. 그가 진정으로 양심적이라면 그는 자신에게 부과된 벌칙을 받아들여야 할 것이다.

### 참고문헌


- F. Ricken, *Allgemeine Ethik*, 2003(김용해 역, 『일반윤리학』, 2006).
- R. Spaemann, *Moralische Grundbegriffe*, 1994.

3부

# 어울려 창조하는 행복

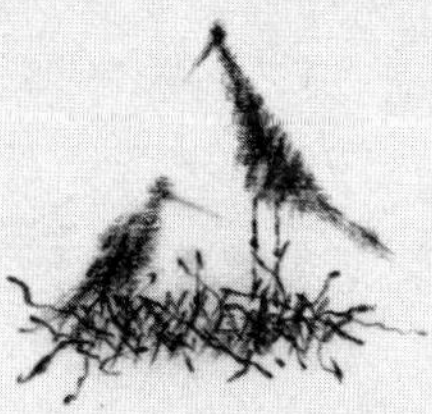

나뭇가지
몇 개 물어 와
얼기설기 엮어
비, 바람 피할
둥지 하나
지었습니다.

님과 함께라면
그만이겠습니다.

# 8장 나와 너 그리고 사회*

현대에는 존재론적인 입장에서 본 주체인 '나'를 뛰어넘어 심리학 또는 정신분석학의 도움으로 '나'에 대한 이해를 다각적으로 하고 있다. '나(자아)'는 '정신'과 '사회'와 어떤 관계가 있는가? '정신'이라는 현상을 설명하지 않고 '나'라는 주체 관념이 생겨날 수 있을까? '환경' 또는 '사회'가 존재하지 않았어도 정신은 본래부터 있었을까? 이러한 질문에 대한 답변을 사회심리학자이며 심리철학자인 조지 허버트 미드(George Herbert Mead)의 견해를 통해 알아보자. 그에 따르면 인간은 과거의 장구한 진화 과정을 통해 어느 특정 시기에 비로소 독특한 정신 능력을 갖게 되었고 그 능력에 의해 사회가 생겨났으며, 그 이후 각 개인에게 사회는 '환경'이 되었다. 미드에 따르면 환경은 각 개인이 순응하고 적응해야만 하는

---

* 이 글은 졸고 「손병희의 '무체법경'과 조지 허버트 미드의 '정신, 자아 그리고 사회'」를 상당 부분 사용하였음.

타인들로 구성된다. 각 개인은 진행 중인 사회조직에 적응함으로써 일련의 확실한 행동목록을 얻게 되므로, "사회집단의 조직화된 행동을 그 사회에 속하는 개인의 행동이라는 측면"에서 보지 않고, "개인의 행동을 사회집단의 조직화된 행동이라는 측면"에서 본다. 즉 개인의 행동, 관찰될 수 있는 행위뿐만 아니라 사고, 판단, 평가와 같은 내부적 행위 모두는 사회적 맥락에서 분석되어야만 한다. 반성적이고 책임을 지며 자기를 의식하는 정신이 어떻게 행동의 자연적 역사 안에 나타났는지에 관한 물음이 실용주의적이고 실험주의적인 미드 '사회학'의 본질이라 할 수 있다. 이는 형이상학적 존재론이 발견할 수 없는 역동적인 인간의 현상을 전체 유기체의 운동으로부터 도출하고 있다.

## 1. 정신(mind)

정신이 출현하는 사회과정은 몸짓에 의한 의사소통 과정 가운데 하나이다. 미드는 심리철학자 분트에 의지하여 몸짓(gesture)을 또 다른 유기체의 행동을 자극하는 유기체의 진행 중인 행동의 한 부분으로 생각했다. 즉, 미드에게 몸짓은 다윈이 보았듯이 단순한 감정의 표현이 아니고 타자에 응답하는 유기체 행동의 이른 단계이다. 그의 '몸짓의 대화(conversation of gestures)' 라는 개념에 따르면, 한 유기체의 환경에 대한 반응으로서 몸짓이 있고, 이때 다른 유기체의 그것에 대한 반응, 즉 행위 중인 첫째 유기체를 자극하는 몸짓이 뒤따르게 되고, 다시 그 행위 중인 유기체가 적응된 반응을 표출하는데, 세 가지 상호 관련된 요소를 포함하기 때문에 삼원 매트릭스라고 부른다. 삼원 매트릭스에 대한 논의가 가지는 중요성은 '의미(meaning)'에 관한 개념인데, 의미는 상호작용 밖에 있는 '관념'이나 그 밖의 심리주의적 개념에 있기보다는 상호작용의 과정 내에 놓여 있다는 것이다. "의미는 기본적으로 의식상태나 그들이 참여하는 경험의 영역에서 벗어나, 정신적으로 존재하며 유지되는 일련의 조직된 관계로 이해될 수는 없다. 오히려 그와는 달리, 전적으로 이러한 영역 자체 내에 존재하는 것으로서 객관적으로 이해되어야 한다."

삼원 매트릭스와 그와 관련된 의미가 유기체에게 그들의 반응을 서로 조정하게 만든다는 사실은 매우 중요하다. 유기체들은 그들 각각의 반응에 적응하기 위한 수단으로서 각자의 몸짓을 사용하면서 점차로 조직되고 협동적인 행동을 취할 수 있게 된다. 유기체가 서로에게 동일한 반응을 불러일으킬 수 있는 몸짓을 사용할 수 있을 때, 그들은 미드가 유의미한 몸짓 또는 인습적 몸짓이라고 부른 것을 사용하고 있는 것이다. 유의미한 상징은 언어의 기초가 되어, 결국 언어(소리 몸짓: vocal gesture)를 사용하는 인간의 능력은 정신과 자아에 대한 그들의 독특한 능력을 출현시킨다. 유아는 언어에 대한 초보적인 행동을 습득하고 난 뒤에야 비로소 정신을 가질 수 있게 된다. 정신은 물질이나 실체가 아니고 사회환경 속에 놓인 대상을 유의미한 상징으로 표현하고 타자의 몸짓을 해석할 뿐 아니라 반응을 자극하면서도 동시에 잠재적 반응을 내재적으로 시연하고 평가할 수 있도록 외현적 행동을 억제하거나 지연시키는 행동과정이며 행동능력이다. 정신의 이러한 능력은 선천적인 것이 아니라고 미드는 강조한다. 정신의 발생은 중추신경 계통과 뇌피질의 생물학적 성숙의 특정 수준에도 좌우되지만 타자와의 상호작용과 그들의 유의미한 상징을 해석하고 사용하는 능력의 취득이 결정적으로 중요하다.

다윈주의자와 행태주의자의 은유에 따르면, 유아는 사회적 환경 속에서 유의미한 몸짓을 사용하고 해석하는 능력을 취득하기 위한 '선택적 압력'을 받게 되며, '강화'—환경에 대한 적응—를 가져오는 몸짓들은 유아의 반응목록에 계속 보유된다. 유의미한 몸짓을 사용하고 해석하는 이 결정적 과정을 미드는 '타자의 역할취득(taking of the role of the other)' 또는 '역할취득(role-taking)'이라고 명명했다. 유의미한 상징을 해석할 수 있는 유아는 엄마의 감정과 잠재적 행위를 상상하기 위해, 즉 엄마의 역할과 관점을 '취득'하기 위해 엄마의 어조, 얼굴표정, 말 등을 이용한다. 역할취득, 즉 타자의 몸짓과 그 몸짓이 드러내는 행동의 의향이 정신 내부에서 내적 시연을 위해 사용되는 자극의 일부분이 될 수 없다면, 외현적 행동은 종종 환경에 대한 부적응을 일으킬 것이다. 근본적으로 유아는 타인에게 종속적이고 강제적으로 의존되어 성장하면서 유의미한 몸짓을 익히고 특히 소리 몸짓, 즉 언어를 배우면서 의사소통 능력을 계발한다. 유아는 타인의 역할취득과 내적 시연을 통해 의식적으로 생각하고 반성하게 되는데 바로 이 순간이 정신이 발생하는 순간이다.

## 2. 자아(self)

정신의 출현은 자아생성의 전제 조건이 된다. 자아의 근본은 역할을 취득할 수 있는 유기체의 능력에서 비롯되는데 이 능력은 자아상을 만들고 자신을 대상으로 볼 수 있도록 하기 때문이다. 자기 자신을 대상으로 보는 능력은 학습된 행동의 한 유형으로서 이것은 타자와 상호작용을 통해서 학습된다. "자아는 발전하는 어떤 것이다. 이것은 태어날 때부터 있었던 것이 아니고 사회적 경험과 행위의 과정 안에서 발생한다. 즉 전체로 있는 과정과, 그리고 이 과정 안에 있는 타인과 맺은 관계의 결과로서 개인에게서 발전한다." 미드에게 자아는 개인이 타자의 몸짓을 읽거나 '그들의 태도를 취득' 하고 어떤 상황 속에서 타인들의 태도에 반응하는 자신의 모습 또는 이미지를 그려 내는 과정에서 나타난다. 자기 자신에 대한 이러한 어렴풋한 이미지는 개인에게서 일정한 반응을 불러일으키는 행동자극으로 작용한다. 이러한 반응은 다시 타인의 편에서 더 큰 반응을 불러일으키고, 나아가 한 개인에게 역할취득의 능력을 가능케 하는 몸짓의 방출을 가져오며, 그때에 개인은 새로운 자아상과 새로운 행동자극을 끌어낼 수 있다. 정신과 마찬가지로 자아도 상호작용하고 반응을 서로에게 적응시키는 사람들 사이의 삼원 매트릭스로부터 나타난다.

미드는 '자아' 에 대한 견해를 여러 가지 서로 다른 방식으로 사용했다. 첫째, 자아를 특정한 상황에서의 한 대상처럼 자신에 대한

'잠정적 이미지 (transitory image)' 로 보았는데, 이는 상호작용하면서 자신에 대한 자아상을 도출해 낸다. 둘째, 자아를 대상으로서의 자기 자신에 대해 가지는 구조나 전형적인 반응들의 구성으로 보았다. 이 자아는 그 자체로 사회적 경험을 제공하기 때문에 가능하다. 셋째, 타자들의 몸짓을 선택적으로 해석하고 반응하면서 일관성을 갖게 되면 자신에 대해 안정된 태도가 생기는데 이를 완성된 자아(complete self) 또는 통일된 자아(unified self)라 부른다. 넷째, 이 밖에도 상이한 사회적 맥락 안에서 완성된 자아의 다양한 양상이 있을 수 있는데, 이처럼 관객에 따라 좌우되는 상이한 '기본적 자아들' 이 있다. 공동체의 태도를 추측함으로써 타자들의 몸짓을 읽고 역할을 취득하게 되고 이로써 얻게 되는 자아의 이미지가 객체적 자아(me)이다. 'me' 이미지와 대조되는 'I' (주체적 자아)는 행동의 실제적 표출이다. 미드에게 'I' 는 경험 속에서만 알려지고, 무엇을 경험했는지는 'me' 이미지(객체적 자아)를 통해서, 즉 반성적으로 알려진다. 미드는 주체적 자아(I)와 객체적 자아(me)라는 용어를 사용하여, 자아를 실제적 표출인 행동과 자아상(self image: 객체적 자아) 사이의 끊임없는 과정으로 개념화하였다.

### 3. 사회(society), 공동체(community), 그리고 제도(institution)

개인은 협동을 수월하게 하는 행동노선을 선택하려고 하기 때문에 정신은 개인들 사이의 협동을 가능하게 한다. 정신은 대안을 제시하는 능력이지만, 자아는 일관된 관점에서 선택을 처리하는 능력을 가지고 있다. 자아능력이 자기정체성을 고려하면서 대안들 중에서 하나의 행동을 선택하도록 하는 것이다. 그런데 개인의 자아는 자신의 행동을 환경과 상호작용하여 적응시킬 때 일반화된 타자를 공동의 준거틀로 이용한다.

미드는 특정 개인에게 주어진 사회는 일련의 관점 또는 '태도'를 보여 주며, 그리고 사회는 개인이 행동을 규제하는 과정에서 추측되어 만들어진다는 점을 암묵적으로 주장한다. 미드에게 사회구조와 동학(動學)은 '일반화된 타자들'의 수, 특징, 영역, 인접성에 크게 영향을 미치는 변수들과 관련된다. 개인이 상호관계 속에서 상호간의 역할을 취득하고, 공동의 일반화된 타자들의 관점을 추측할 수 있는 정확성 정도에 따라 상호작용의 유형은 안정적이고 협동적일 것이며, 반대로 역할취득 과정과 서로 다른 일반화된 타자들의 견해에 반응할 때, 부정확한 정도에 따라 상호작용은 파괴적이고 갈등적일 것이다.

다양하게 위치한 개인들은 멀리 떨어져 있는 다수 타자들의 역할을 취득할 수 있는 능력으로 말미암아 통합된 공동의 사회조직을 만들 수 있으며, 사회의 구조적 분화는 추상적인 일반화된 타자들의 역할취득을 강화하는 데 이바지할 것이라고 미드는 주장한다. 그는 사회구조를 통합시키는 사회심리학적 메커니즘에 일관되게 관심을 두고 있다. 미드에게 '사회'란 단지 다양한 특성의 타자들과 일반화된 타자들과의 역할취득 과정이며, 자아와 정신이라는 행동 능력에 의해 가능해지는 일련의 행위조정 과정이다. 사회구조의 기저를 이루는 과정을 강조함으로써 미드는 사회에 대한 고도의 역동적 관점을 보여 주었다.

역할취득 능력 덕분에 인간은 그들의 행동을 특정한 타자들의 태도라는 입장에서 조절할 뿐 아니라, 이러한 태도들의 공동체를 구체적으로 보여 주는 일반화된 타자들의 입장에서 조정할 수 있다. 미드는 '일반화된 타자' 개념으로 지각과 사고, 행위를 조절하는 광범위한 문화의 상징체계를 뜻한다. 즉 미드의 일반화된 타자는 규범, 가치, 신념이며, 기타 조절적인 상징체계이다. 미드는 여기에서 상징의 보편성에 대한 문제제기가 있을 수 있음을 지적한다. 즉 개인이 일반화된 타자의 태도를 취할 수 있다는 한에서 상징이 보편적이라면, 그렇게 제한된 것이 진정으로 보편적이라고 할 수 있겠는가? 그래서 '보편적'인 담론이 보편적이 되기 위해서 지속적으로 개정되어야 한다고 한다. "이 담론은 우리가 관계를 맺고 있는 합리적인 존재를 표현할 것이다. 그리하여 그런 영역에서는 잠재적 보편성이 있다. 내가 생각하기에 유일하게 보편적인 것은 의미 있는 상징을 사용하는 데 관련된 것이다. 만약 우리가 이런 의미에서 보편적 의미를 가진 유의미한 상징들의 체계를 가질 수 있다면, 이런 언어로 지성적으로 말할 수 있는 사람은 그러한 보편성을 가진다." 미드는 여러 보편성들의 담론이 있을 수 있으나, 서로 잠재적으로 이해할 수 있는 정도로 모든 것의 배경에는 논리적 공리나 전제적 기능을 가진 논리학적 보편성이 있고, 이를 사용하는 사람이라면 담론에서의 보편성을 갖는다고 주장한다. 의사소통의 과정에 잠재적인 보편성을 부여하는 것은 바로 이 때문이라는 것이다. 인간사회에서 이러한 보편성이 나타난 영역은 종교적 공동체와 경제적 공동체이다. 이러한 공동체들 사이의 경쟁에서 나타난 보편성의 우월성이란 단지 다른 집단에 대한 단순한 정복에서라기보다는 타자의 기능 및 역할에 대한 관계에서 그가 할 수 있는 능력의 우월성에 근간을 두고 있다. 미드는 더 큰, 더 보편적인 공동체를 건설하려는 경향에서 개인이 타자와 자신을 동일시하는 태도가 발생하고, 그리하여 보편적인 종교와 우애와 통합을 기초로 한 민주주의가 성장할 수 있음을 제시하고 있다.

앞에서 살펴보았듯이 미드의 사회에 대한 통찰력의 가치는 특정 구조에 관계없이 모든 사회는 정신과의 상호작용을 통해서 창조, 유지되고 변화하는 동일한 과정을 가지고 있다는 사실을 발견했다는 데에 있다. 사회조직은 정신에 대한 행동능력들의 결과인데, 이 능력들이 행위자로 하여금 다양한 타자들의 역할취득을 가능케 하고 그들의 행동을 조절, 통합하게 하기 때문이다. 그는 정신 역시 그 자체로 자립적이고 완성된 실체로 파악하기보다는 타자, 혹은 환경과의 역동적인 자극과 반응의 내적 시연 과정에서 발생하며 계발되는 것으로 보고 있다. 따라서 정신은 감관을 통해서 들어오고, 신체를 통해서 몸짓하는 상호소통 과정이다. 그러나 미드의 사회철학의 한계는 주체와 자아의 관계이다. 그는 주체(subject)를 완성된 자아(complete self) 또는 주체적 자아(I)로 대신한 듯이 보인다. 앞에서도 언급했듯이 미드는 자아의 단계를 둘로 나누었는데, 우선 타자의 역할취득 메커니즘을 통해 객체적 자아(me)가 발생하고 정신 내적인 역할 시연 후에 행동의 실제 표출이 일어날 때 주체적 자아(I)가 경험된다. 그런데 이 주체적 자아는 경험될 뿐 그것이 무엇인지는 다시 정신에서의 반성 작용, 즉 타자의 역할취득 과정을 통해 인식된다고 한다. 그는 행동의 실제 표출(I)과 타자의 반응으로 알려진 객체적 자아(me) 사이의 관계를 통해 자아상이 역동적으로 발전하고, 또한 양 자아 사이에 일정한 일관성을 갖게 되면 통일된 자아 또는 완성된 자아가 생긴다는 점을 지적했을 뿐이다. 그는 정신이 그 안에서 발생하게 될 유기체의 주체, 즉 자극과 반응의 환경과의 메커니즘 가운데 줄곧 하나의 유기체로서 통일적 생명을 이루는 전통적 형이상학에서 다루는 주체를 언급하고 있지 않다. 이 주체는 정신이 생기기 이전이므로 인식할 수는 없지만 존재론적으로는 유기체 안에 동일성을 이루는 주체이다. 이런 의미의 주체를 실험주의적 실용주의 노선을 택한 미드로서는 형이상학적으로 추론할 수 없을 것이다. 왜냐하면 실험가능하고, 인간이 실행하여 논증가능한 한도의 도구와 과학기술을 관찰하고 서술하려는 실험주의적 방법론이 이를 허용하지 않을 것이기 때문이다. 이런 실험주의는 지성의 직관, 절대 관념, 신의 존재, 영혼의 불멸성 등의 탐구를 방법론적으로 포기하는 대신, 인간의 정신은 단지 이미

완성된 하나의 실재를 복사하는 것이 아니라 실재를 재구성함으로써 그것의 중요성을 더하고, 그것의 내용들을 다른 형식으로 담아내는 역동적 활동으로 관찰, 서술할 수 있는 가능성을 획득한다.

미드의 정신, 자아, 사회의 상호관계가 주는 통찰력 덕분에 우리는 1950년도에 유행한 이데올로기, 즉 한 인간이 문화, 사회제도, 사회적 계급, 대중매체에 전적으로 그리고 일방적으로 영향을 받는다는 결정주의(determinism)를 극복할 수 있었다. 인간은 환경의 영향을 받지만 반대로 환경을 변화시키는 창조적 주체로서 활동하기 때문이다. 미드에 따르면 환경과 사회, 그리고 타자는 고정된 실체가 아니고 정신에 대한 자극과 반응, 주체와 객체의 통일적 소통과정으로 이해할 수 있다. 따라서 자아는 한편으로 외부와의 작용을 통하여 형성되지만, 다른 한편 외적 환경, 사회와 문화를 변화시키는 창조적인 주체이기도 하다. 미드의 통찰력 덕분에 또 다른 이데올로기, 오늘날 포스트모더니즘시대에 팽배한 문화상대주의 역시 극복할 수 있다. 문화상대주의적 입장에서는 전통이 다른 문화를 결코 비판해서는 안 된다. 각 문화가 가지고 있는 윤리는 자신에게만 유효할 뿐 모든 문화가 존중해야 할 보편적 윤리는 존재하지 않기 때문이다. 그러나 미드에 따르면 문화나 사회란 단지 다양한 특성의 타자들과 일반화된 타자들과의 역할취득 과정이며 자아와 정신이라는 행동 능력에 의해 가능해지는 일련의 행위조정 과정이기 때문에 전통으로 제한될 수 없다. 오히려 어떤 문화와 사회라도 다양한 타자들이 지속적으로 상호작용하고 개정하는 과정 중에 있으므로 보편성을 지향하고 있다고 말할 수 있다.

### 참고문헌


- George H. Mead, *Mind, Self, and Society*, 1934.
- 김용해, 「손병희의 '무체법경'과 조지 허버트 미드의 '정신, 자아 그리고 사회'」, in: 『동학학보』 10권 1호, 2006.

# 9장 인격적 관계와 사랑

마르틴 부버(Martin Buber)는 『나와 너』에서 '나'(I)라는 존재자는 '너'(타인)나 세계와 독립하여 존재하지 않고, 항상 '나와 너'(Ich-Du) 또는 '나와 그것'(Ich-Es)과의 관계 안에 존재하고 있을 뿐이라고 말한다. 그에게는 나, 너의 개념보다도 근원어 '나와 너'와 '나와 그것'이 더 우선이다. 이와 같이 부버에게 인간은 두 가지 관계, 즉 나와 너의 관계 속에서의 '나'이거나 나와 그것의 관계 속에서의 '나'이다. 이는 인간이 세계 또는 환경에 대하여 갖는 태도가 두 가지라는 뜻이다. 근본적인 삶의 태도는 관계가 더욱 깊어지는 이해지향적인 우호적 태도를 바탕으로 하든지, 혹은 관계 사이의 거리가 일정하여 무감정적으로 대치하는 도구지향적 중립적 태도를 바탕으로 하든지 둘 중의 하나이다. 이처럼 관계를 강조하는 부버의 사상 이면에는 단독자를 강조하는 개인주의와 사회를 강조하는 집단주의의 양자택일을 넘어 '사이'(Zwischen)의 영역을 강조하여 새로운 인간실존을 정립하고자 하는 시도가 엿보인다.

## 1. 인격: 사이로서의 실존

부버가 '나와 그것'과의 관계와 구별 짓고 있는 '나와 너'의 관계는 전통 철학에서는 인격 사이의 관계라 불렀다. 우리는 한 사람을 한 개 두 개로 부르는 사물과 달리 한 사람 두 사람이라 부른다. 인간을 다른 사물과는 다른 존엄한 존재로 직관하기 때문이다. 인격(persona)의 정의는 기원후 6세기 그리스도교 철학자 보이티우스(Boethius)에서부터 기원하는데, 토마스 아퀴나스에 의해 받아들여져 중세를 거쳐 오늘날 그리스도교 철학에서도 유효하게 사용되고 있다. 보이티우스에 따르면 인격이란 "이성적 본성을 지닌 개별적 실체(individua substantia rationalis naturae)"이다. 인격의 이성성(rationality) 때문에 인간은 자기를 초월하여 사물과 타자와 관계를 맺고 궁극적으로 절대지평인 신에게로까지 나아간다. 인격의 개별성(individuality) 때문에 한 인간은 고유하고 구체적이며 시간과 공간에 제약되면서 직접적 관계를 맺는다. 이러한 두 개의 본질적 특성은 인간이 정신과 육체의 결합이라는 점에서 기원한다. 정신 또는 영혼은 인격의 부분일지언정 인격은 아니다. 인격은 항상 육체성을 지닌 구체적 존재이다. 이런 인간이해는 인간의 본질을 사유, 즉 정신으로만 본 데카르트나 절대성의 관점으로만 파악하는 헤겔의 관념론과도, 물질로 보는 마르크스의 유물론과도 일정한 차이를 가지고 있다. 실존주의 철학자 가브리엘 마르셀(Gabriel Marcel)은 인격을 에고(ego) 혹은 개인(individual)과 구별하여 일과 실천에 투신하며 자신과 타자에 대해 책임을 지고 더 나아가 궁극적으로는 신에게 정향된 존재로 규정한다. 또 다른 실존주의자인 엠마뉘엘 무니에(Emmanuel Mounier) 역시 인격을 자아지향적 존재인 개인과 구별하고 신과 타자를 사랑하고 이를 통해서 자기 자신을 완성하는 존재로 정의한다. 현대의 유신론적 실존주의자들은 전통적 인격 개념을 기본적으로는 받아들이면서 형이상학적 관점 대신에 좀 더 윤리적이고 심리적인 관점에서 인격의 초월성을 강조한다.

다시 부버가 주목한 인격이 사이로서의 실존이라는 점을 살펴보자. 나는 너 혹은 그것 없이는 있을 수가 없다. 그가 강조하고 있는 점은 내가 어떤 불변하는 실체로서 어딘가 존재하는 것이 아니라, 내가 맺는 관계에 따라 변화하는 특별한 존재라는 것이다. 다시 말해 이 두 관계에서 나는 동일하게 남아 있고 다만 그 상대, 즉 그것과 너만이 달라지는 것이 아니라, '그것과의 관계를 가질 때의 나'와 '너와의 관계를 가질 때의 나'가 서로 다른 '나'라는 것이다. 부버가 주장하는 나와 그것과의 관계가 갖는 특성은 무엇일까? 우선 나와 그것의 관계(Ich-Es)는 주관과 객관의 관계이다. 이때 주관은 일방적이며 능동적으로 객관을 대상으로 소유하고 수단적 관계로 취급하기 때문에, 객관은 피동적 성격을 띠게 되며 주관의 지배를 받게 된다. 둘째, 나와 그것의 관계(Ich-Es)는 경험과 이용의 관계이다. 나와 맞선 대상이 어떠한 것이든 관계없이, 그 대상이 신이라 할지라도 일단 나와 그것의 관계(Ich-Es)에서는 '경험'과 '이용'이 수반된다. '경험'은 주관적으로 세계를 구성하는 것을, '이용'은 다양한 목적을 세계에 부여하는 것을 의미한다. 이 경험과 이용을 통해 인간의 생활은 유지되고, 구제되고, 치장된다. 셋째, 나와 그것의 관계(Ich-Es)는 과거 안에 존재한다. 왜냐하면 내가 경험했다거나 내가 사용한 어떤 것에 내가 만족하고 있는 사람에게, 그 만족은 현재가 아니라 과거에 경험된 것이기 때문이다. 넷째, 나와 그것의 관계(Ich-Es)는 간접적이다. 과학자들이 어떤 대상을 연구할 때에 그저 연구의 대상, 관찰의 대상으로 삼고 살피는 것과 같다. 이를 종합해 보면 나와 그것의 관계(Ich-Es) 안에서 인간은 세계의 중심에 있으면서 환경과 타자를 모두 자신의 생존과 경험을 위한 대상으로 계량화하고 도구와 수단으로 이용한다.

이제 나와 그것의 관계(Ich-Es)와는 다른, 부버의 또 다른 세계에 대한 태도이자 관계인 나와 너의 관계(Ich-Du)의 특성은 무엇인가? 첫째, 서로가 능동자인 동시에 수동자로서의 상호성을 갖는다. 만남은 나(Ich)와 너(Du)의 존재론적 사이에서 성립된다. 이 사이에서 서로가 서로를 선택하고 서로가 서로에게 선택당하는 상호관계, 즉 전 인격을 건 행위이기에 수동인 동시에 능동인 상호관계가 성립한다. 둘째, 직접성을 갖는다. 나와 너의 관계에서 상대를 이용하기 위한 어떠한 개념체계도 예비지식도 환상도 개입될 수 없다. 이러한 온갖 수단이 깨져 버릴 때에 만남이 발생한다는 것이다. 말하자면 사랑은 '이용'의 반의어이다. 셋째, 시간적 현재성을 갖는다. 현재성은 나의 속에 존재하는 것이 아니라 나와 너의 사이에 존재한다. 그것은 과거와 미래 사이의 추상적인 시점을 지칭하는 것이 아니라, 진실하고 충만한 나가 드러나는 현재를 지칭한다. 다시 말해 참된 삶이 실현되고 있는 지금 그리고 여기를 뜻한다. 이것은 단지 나와 너의 관계에만 존재한다. 넷째, 강렬성을 갖는다. 강렬성은 관계가 외부에서의 어떤 개입이나 관여를 배제함으로써 나타나는 절대적 관계의 힘, 즉 관계의 노력을 의미하는 동시에 상호적 관계에서 나타나는 긴장과 열정이다.

부버는 나의 두 가지 존재방식 가운데, 나와 너의 사이에서, 너와의 만남을 통해서만 사람은 전체적인 인격체로서의 진정한 나가 되는 것이라고 주장한다. 바로 여기에 부버가 강조하는 '만남'의 의의와 가치가 있으며 '만남'이 이루어질 수 있는 터전으로서의 '사이'라는 것의 중대성이 강조된다. 나와 그것의 관계를 통해서는 진정한 나가 될 수 없다. 내가 재산을, 권력을, 명예를, 혹은 미모를 소유할 때 나는 그것의 소유자로서의 나일 뿐 전체로서의 나는 될 수 없다. 소유자로서의 나는 다른 소유자로 대체가능한 것이므로 나와 너의 관계에서의 나가 될 수 없다. 그것의 상대로서의 나, 결국 그것으로 전락되어 있는 나일 뿐이다. 너와의 관계에서 나는 이와는 전혀 다른 모습으로 등장한다. 그때의 나는 인격 전체이며, 다른 무엇과 대체될 수 없는 독특한 존재이다. 전통적 의미의 인격(person)으로서의 나이다. 이때 내가 진정한 의미의 인격 전체가 되는 것은 나에게 '너'가 될 수 있는 다른 사람이 있기 때문이요, 그 사람이 나의 너로 관계를 맺어 주기 때문이다. 다른 사람이 없다든지, 있더라도 나의 사랑에 아무 반응을 보이지 않는다면 정상적이고 진정한 관계는 형성될 수 없다. 즉 내가 가진 어떤 자격, 능력, 조건과 관계없이, 그런 것들을 초월한 다른 사람의 사랑 때문에 나는 이루어질 수 있는 것이다.

## 2. 로맨스

위에서 설명한 나와 너와의 관계를 가장 극적으로 드러내 주는 것이 로맨스라 생각한다. 사람에 따라 다르겠지만 로맨스는 아동기 말기와 청년기 초기, 즉 사춘기에 처음 경험하게 된다. 우리 청소년으로 보자면 중학교나 고등학교에서 일어나는 것이 보통이겠지만 대학생이 되어서 체험할 수도 있다. 보통 첫사랑의 경험이라고도 부를 수 있다. 사춘기는 모든 인간의 능력, 즉 성욕, 사리판단 능력, 미래를 계획하고 현재의 유혹을 극복하는 능력 등이 형성되는 시기이다. 한편으로 자아발견의 시기이고 더 나아가 자기중심의 시기이다. 내성적이며 공상을 많이 하고 어떤 때는 그 상태에 너무 빠져 있기 때문에 언제까지 그런 자기내면에 심취되어 있을지 알 수 없는 상황이다. 그러나 어느 날 갑자기 우리를 그 복잡한 자아도취에서 끌어내어 새로운 세계로 이끈 것이 있지 않았던가. 나 자신으로부터 벗어날 수 있게 한 힘, 그 종잡을 수 없이 암울한 세계를 안개 걷힌 듯 광명의 세계로 인도한 힘, 관계를 맺을 수 있는 사람에 눈뜨게 한 그 힘은 보통 강한 힘이 아니었다. 그 시기에는 아무도, 가까이 지냈던 부모도, 형제도 나를 이해하지 못한다고 느꼈다. 그러나 그때 로맨스를 체험했고 진정으로 나를 이해하는 사람이 나타났다! 나는 나 자신을 이해한 적도 없다고 생각했는데 놀랍게도 이 타인이 나를 진실로 이해하고 나를 완전히 이끄는 한 사람이었다. 사실 그 사람이 완전히 나를 이해할 수는 없었겠지만 왠지 그 사람은 나를 다 이해해 주고도 남을 사람으로 느꼈다. 나는 그 사람에게 깊은 관심을 갖고, 지금 무엇을 하고 있을 것인지, 어디에 있을 것인지를 혼자 그려 보기도 했다. 그가 나를 위해서 무엇인가 해 줄 수 있기에 그런 것이 아니다. 바라는 것은 아무것도 없다. 그저 만나고 싶고, 말을 걸고 싶고, 시간과 공간을 함께 공유하고 싶을 뿐이다. 나의 모든 관심이 그에게로 향한다. 이제 내 자신에 대해 생각할 때 그 사람과의 관계 안에서 진행한다. 나의 외모, 행동, 성격 등을 상대방이 좋아할 것인지, 조화롭게 받아들여질 것인지를 고민한다. 이를 통해서 만약 그가 좋아하는 것이라면 나의 것을 포기할 준비를 서서히 한다. 처음엔 나의 장점, 좋아하는 것, 잘하는 것, 관심 있는 것을 중심으로 나누기 시작하지만 얼마 지나지 않아 나의 약점, 한계까지 다 털어놓아야 직성이 풀린다. 내가 가진 모든 것을 나누어 갖고 싶고, 내가 부족한 것을 개선할 의지가 불탄다. 더 고상하고, 더 아름답고, 더 진실하고, 더 착한 존재가 되고 싶다. 단지 그 사람과의 만남 때문에….

우리가 체험한 로맨스는 이처럼 자기도취에서 벗어나 어느 날 불현듯 타자를 만나게 되고 그를 통해서 내 존재가 있는 그대로 인정받고, 이해받는 귀한 존재라는 것을 깨닫게 되면서, 각자가 지닌 소유물이나 지위, 능력, 관심사를 넘어서 오로지 신비스러운 너의 세계 안으로, 나와 너의 왕국 안으로 탐험하려는 열정이었다. 이것을 우정으로, 이성 간의 교제로, 세대를 뛰어넘는 사귐으로 여러 모양의 형태로 표현할 수 있지만 나를 초월해 가는 성숙에 다름 아니다. 필자는 이러한 로맨스가 한때의 사춘기 시절의 경험으로 끝나는 것이 아니라 결혼 후에도, 고독감이 밀려오는 인생의 황혼기에도 우리가 놓쳐서는 안 될 생명의 원리로 이해해야 한다고 생각한다. 결혼한 성인들이 혼인 전에 경험했던 로맨스를 왜 삶의 원동력으로 계속 발전시키지 못할까? 물론 인간의 에너지와 열정은 나이에 따라 한계가 있고, 생존경쟁 속에서 노동해야 하는 인간은 첫사랑과 같은 그런 강렬한 로맨스를 항상 할 수는 없는 법이다. '나도 한때 젊은 너희들처럼 열병을 앓은 적이 있지! 결혼하고 가족을 부양하기 위해 뛰다 보니 어느덧 그런 로맨스에 대한 열정은 식고 말았어. 무서운 경쟁사회에서 다시 나 혼자라는 고독감과 자기중심적 사고 속에서 점점 외로운 섬이 되어 가는 나를 발견하지. 세상이란 다 그런 것이 아닌가?' 더 이상 나와 너의 관계 속에 있는 너는 없다. 어느덧 너는 나와 그것의 관계 속에 있는 그것이 되어 있다. '영원한 너'는 없는 것일까? 인간들과의 관계 안에서 찾을 수 없기에 우리는 종교 속의 신에게 귀의해야 하는가? 물론 '영원한 너'와의 인격적 관계와 실천적 투신은 '너'와의 관계를 회복하는 데 도움이 된다. 그러나 내 주위에 있는 타자, 나의 부인, 나의 남편, 나의 가족, 나의 친구들과의 관계는 여전히 '영원한 너'가 드러나는 자리이고, 사춘기 때나 20대 시절에 겪었던 똑같은 방법으로 로맨스를 경험하지는 않겠지만 우리에게 끼치는 강렬하고 생생한 영향은 그때와 마찬가지이다. 나는 당신의 중심이 되고, 당신은 내 중심이 되어 세계를 인식하고 살아가는 방식은 같다. 다시 로맨스를 느끼면 우리는 나 자신에게 두었던 관심을 다시 당신에게 둔다. 결혼 후에도 로맨스를 유지하고 창조적으로 발전시키는 부부들은 얼마나 행복할까? 로맨스는 매우 실질적이고 현실적으로 부부의 삶을 행복으로 이끌어 준다. 남편은 자신의 집을 모든 것에서 벗어날 수 있는 오아시스로 여길 것이다. 지루한 하루의 모든 압박감에서 해방시켜 주는 안락한 보금자리가 되는 것이다. 그에게 가정은 단지 안락하고 긴장을 푸는 장소만이 아니라 즐거움과 기쁨이 있고, 한껏 사랑하고 사랑받는 당신이 기다리는 낙원이다. 아내는 데이트할 때의 설렘으로 당신이 초인종을 누르기를 기다리며 당신의 귀가를 맞이할 것이다. 어떤 표정으로 어떤 이야기로 어떤 음식을 들면서 하루의 경험을 나눌지 준비한다. 사실 이런 전통적 가정의 모습을 이야기하면 필자가 가부장적인 사람이거나 전근대적 직업관을 가진 사람으로 오해를 받을 수 있겠다. 단지 전통적 가정의 예를 든 것뿐이다. 맞벌이 부부, 집안 살림을 함께하는 부부라 하더라도 일주일에 한두 번쯤은 창조적인 로맨스를 즐기기 위해 시간과 노력을 투자할 수 있을 것이다. 우리말에 '살림'이라는 말은 어떤 기본적 원리와 태도로 삶을 살아야 하는지 지시하고 있다. 결혼을 '살림살이'로 표현하기도 하는데 이제 자기 자신을 위해 사는 삶이 아니고, 다른 이를 살리는 삶, 서로 기를 살리고, 생명을 살려 주는 행위, 서로 부양하는 행위, 서로 중심 자리에 놓고 섬기는 행위가 곧 '살림살이'를 뜻하기 때문이다. 살림살이를 살 줄 알 때 비로소 성인(成人), 진정한 의미의 사람이 되는 것이다. 그러니 결혼 후에도 살림의 태도와 원리, 로맨스에 대한 열정과 태도를 지니고 살아가야 한다.

## 3. 사랑의 사다리

플라톤의 『향연』은 소크라테스와 그의 친구들이 사랑(eros)에 관해 각각 연설을 하고 그에 대한 토론을 하는 것을 내용으로 하고 있다. 여기서 아리스토파네스는 인간의 육체가 본래는 두 사람이 둥글게 붙어 있는 모습이었는데 자만하여 신에 대항하자 제우스가 절반으로 갈라 지금과 같은 모습이 되었다고 말한다. 이로부터 에로스란, 애초의 자기 것, 그 온전함을 회복하고자 하는 욕망이라고 정의되고 있다. 온전함이 회복되면 비로소 인간은 행복하게 된다. 아가톤은 에로스란 자기가 결여한 무엇인가를 갈망하여 온전하게 되고자 하는 욕망이라 설명한다. 『향연』의 저자 플라톤은 소크라테스의 기억 속에 등장하는 디오티마의 입을 통해 자신의 이데아론을 기반으로 에로스의 본질을 설명하고 있는 듯이 보인다. 그에 따르면 에로스는 아름다움과 추함, 좋음과 나쁨 사이에 있는 '중간자'이다. 그러므로 신이 가질 수 있는 본성은 아니다. 죽음과 불멸 사이에 있는 중간적 존재인 인간의 에로스는 본성적으로 아름다움, 좋음, 영원함의 신적 세계에서 오는 다이몬(신의 소리)을 듣고 인간이 신들에게 전해 달라고 하는 말을 따른다. 또한 디오티마는 에로스의 기원(genesis)에 대한 신화를 들려준다. 즉 포로스(poros: 계교)와 페니아(penia: 곤궁)가 아름다움의 여신 아프로디테의 생일날 동침하여 태어난 것이 에로스이다. 즉 에로스는 곤궁한 상태에 있으면서도 여러 방도를 지닌 신으로 아름다움의 여신을 추종한다는 뜻이다. 즉 결여되어 있는 곤궁상태에 있지만 아름다움과 선함을 차지하려는 계책이 있다. 에로스는 궁극적으로 인간을 행복하게 만드는데, 왜냐하면 결국 아름답고 좋고 선한 것을 자기 것으로 삼기 때문이다. 여기서 소크라테스가 강조하는 것 두 가지는 첫째로, 에로스는 자기 것이라서 좋아하는 것이 아니라 좋은 것이기 때문에 자기 것으로 삼고자 한다는 욕망이라는 점이다. 이것이 모든 사람이 추구하는 공통된 바람이요, 행복추구인 셈이다. 둘째로 에로스는 좋은 것을 갖기를 그저 바라는 것이 아니고 '언제나' 자기 자신을 위하여 갖기를 바란다는 점이다. 그렇다면 사람들이 좋은 것을 언제나 자기 것으로 갈망하는 에로스를 어떤 방식으로 추구할 수 있을까? 에로스는 몸이든 영혼이든 아름다운 것 안에서 낳는 것, 출산하는 것이라고 답한다. 모든 사람은 몸과 영혼에 있어 임신상태이고 때가 되면 낳기를 욕망하는데 그 낳음은 아름다운 것, 조화하는 것 안에서만 가능하다. 에로스는 아름다운 것 안에서 낳기를 추구하는 것으로 귀결된다. 생식을 하여 자식을 낳는다는 것은 죽을 수밖에 없는 존재가 영구하고 불사적인 어떤 것과 관계를 맺는 방식인데, 앞에서 말한 에로스가 좋은 것을 자기의 것으로 '언제나' 욕구한다면 필연적으로 나오는 결론이다. 낡고 늙은 것이 자기 대신에 새롭고 젊은 것을 남겨 두고 가는 것이 생식(生殖)인데 이를 통해서 한 개체적 생명체가 자기동일성을 유지하는 메커니즘과 같다는 것이다. 종(種)만이 아니라 개체도 생겨남의 과정을 반복한다. 한 인간은 몸과 영혼에서 모두 소멸과 생성을 반복하는데 에로스의 힘은 매 순간 존재하게 하고 살아 있게 해 주는 강한 힘이다. 에로스는 불사의 자식을 낳은 힘이다. 그리하여 에로스, 사랑은 영원히 가실 줄을 모른다. 영혼의 자식은 예지와 온갖 덕들이고, 이 중 가장 아름다운 예지(지혜)는 국가와 가정을 잘 건사하는 절제와 정의이다. 이런 덕을 영혼에 임신한 자들이 아름다운 몸과 영혼을 추구하고 이들을 만나 덕에 관한 이야기들을 나누려는 교육적 시도를 하게 되며, 결국 그 사귐을 통해 그들이 함께 잉태하던 것을 출산하여 불사의 자식들을 공유하게 된다. 소크라테스가 사물의 본질을 깨달아 나가도록 돕기 위해 사용했던 대화를 다름 아닌 영혼의 산파술이라 부르는 까닭을 이해할 수 있다. 마지막으로 디오티마는 사랑의 단계에 대해서 설명한다. 에로스 사랑은 처음에 특정한 육체의 아름다움에서 시작된다. 그런 후 특정한 육체의 아름다움 안에서 언설(이야기)을 낳게 된다. 그다음엔 한 육체의 아름다움과 유사한 것과 미의 본질을 추구하다 보면 모든 육체의 아름다움이 결국 동일하다는 것을 깨닫게 된다. 여기서 육체의 아름다움 일반으로 나아간다. 모든 아름다운 육체를 사랑하는 사람은 이제 한 육체에 대한 강렬한 정욕에서 해방되어 영혼의 아름다움으로 나아간다. 영혼의 아름다움이 육체의 아름다움보다 더 소중하기 때문이다. 이리하여 영혼이 단아한 사람이 설사 용모가 빼어나지 않더라도 그에게 만족하고 그를 사랑하고 보살펴 주어 이야기를 통해 덕의 자식들을 낳을 수 있게 된다. 이렇게 이야깃거리를 찾아 여러 정치적 제도나 법률 속에서도 아름다움을 찾게 되어 결국 모든 아름다움이 하나의 아름다움이라는 것을 깨닫게 된다. 마지막에 가서는 미를 하나의 전체로 바라보도록 하여 풍부한 지혜를 사랑하는 마음에서 아름답고 숭고한 언설과 사상을 낳아 힘을 얻고 성장하여 하나의 인식, 미 자체에 대한 단일한 직관에 도달한다. 아름다움 자체란 영속적 존재이며 아름다운 것들에 의해 분유(分有)되면서도 증감을 겪지 않는다. 시공간이나 관계, 관찰자에 따른 차이도 없고, 비물체적이다. 보이는 세상에 나타나지 않고, 앎으로도 나타나지 않으며, 그 자체만으로 단일한 형상을 가지는 것이다. 아름다움 자체를 바라보는 것만으로도 살 가치가 있다. 행복의 최고의 단계가 그리스도교 철학자들이 천국에서 신을 마주대하는 상태라 부르는 지복직관(visio beatifica)의 상태(1 코린, 13, 12)이며, 이것이 곧 아름다움 자체를 바라봄이다.

플라톤의 사랑의 사다리는 하나의 육체적 사랑에서 다수의 육체의 사랑으로, 육체적 사랑에서 지혜와 덕과 같은 정신(영혼)적 사랑으로, 정신적 사랑에서 아름다움 자체에 대한 영원한 사랑으로 나아가고 있음을 보여 준다. 현대 독일철학자 로츠(Jean Baptiste

Lotz)는 플라톤의 사랑의 단계를 에로스적 사랑(love of eros), 필리아적 사랑(love of philia), 아가페적 사랑(love of agape)으로 나누어 재해석하면서 이 삼자는 서로 내적으로 연결되어 결국 하나의 사랑이라는 점을 강조한다. 즉 에로스적 사랑은 육체적 사랑으로 시간과 공간을 공유하고 싶어 하는 첫 단계 로맨스라고 한다면, 필리아적 사랑은 인격적, 정신적 사랑으로 에로스적 사랑이 기초가 되어 발전된 형태라 할 수 있다. 이 사랑을 통하여 나와 네가 모두 더욱 풍요롭게 되고 삶의 의미와 가치를 나누어 갖게 된다. 그러나 인간은 앞의 두 사랑을 기초로 더 나아가 신적인 사랑, 즉 자기희생적 사랑으로까지 도달한다. 여기서는 자기를 포기하고 무로 돌리면서까지 더 큰 존재를 사랑하게 되는 것이다.

현대심리학에서는 상호인격적 관계를 인정(acceptance), 동정(sympathy), 이심전심(empathy) 개념 등으로 설명한다. 인정은 인격자 상호 간에 유지해야 할 기본단계이다. 인정한다고 해서 상대방의 모든 것에 동의한다는 의미가 아니다. 만약 그렇게 된다면 한 인격으로부터 인격적 통합, 자율권을 빼앗는 것이 되고 마음대로 상대를 부리는 것이 될 것이다. 미국의 심리학자 로저스(Carl Rogers)는 인정을 '상대를 자기결정권을 갖는 가치와 존엄을 지닌 인격으로 대하는 긍정적 태도'라고 정의한다. 자기결정권을 존중한다고 하더라도 살인, 불의한 행위로 타인을 해치는 일까지 허락한다는 얘기는 아니다. 인정은 긍정하는 태도이지 부정적으로 대한다거나, 무관심하거나, 중립적인 태도를 말하는 것이 아니다. 부버식 표현을 빌자면 나-그것과의 관계에서 인정이 성립하는 것이 아니다. 그는 인정보다 더 친밀한 관계를 '동정' 또는 '연민' 으로 표현한다. 함께 느낀다는 뜻이다. 나와 너의 관계가 성립하고 상대가 나의 중심에 서게 되고, 상대를 통해 나를 인식하는 단계에서는 상대가 기뻐하면 나도 기뻐하고 슬퍼하면 나도 슬퍼하는 감정공유가 가능하다. 이러한 공감의 관계를 모든 이와 맺을 수 있는가? 타인이 나더러 공감의 마음을 요구할 권리는 없다. 물론 고통 속에 있는 이들에게 연민의 정을 가지고 원조해야 하는 순간이 있을지라도 공감의 단계는 인격적으로 서로 사랑하는 관계가 아니면 발생하지 않는다. 그는 동정(sympathy)보다 더 나아간 단계로 이심전심(empathy)을 말한다. 이심전심(empathy)은 감정(pathos) 안으로(em) 몰입하여 다른 인격의 감정을 '직접' 직관적으로 알아듣는 것을 의미한다. 감정이입이라는 표현도 가능하겠지만 동양적 표현으로 이심전심이 더 어울릴 것 같다. 사실 감정을 직접 심사한다는 것은 불가능하기 때문에 우리는 '직접' 에 따옴표를 붙여야 한다. 따라서 사실은 그럴 수 없겠지만 감정을 해석할 정도로 간절한 태도를 표현한다고 보아야 한다. 틀릴 수도 있지만 나와 너의 인격적 소통과 깊은 관계 안에서 마음을 읽을 수 있는 능력이 생기고 그 능력이 증가할 정도로, 즉 상대의 감정과 행위를 감상하고 이해할 수 있는 좋은 위치에 있음을 뜻한다.

우리는 위에서 성찰할 것을 다음과 같이 요약할 수 있다.

첫째, 인간의 본성은 고립을 지향하지도, 사회 또는 공동체로 환원되어 가지도 않는 사이적 실존, 즉 나와 너, 나와 그것의 사이에서 자신의 결핍과 빈곤을 메워 가면서 진선미 자체를 항구히 추구하여 최고의 행복을 지향하고 있다.

둘째, 사랑은 연령에 상관없이 결혼 후에도 나와 너의 관계 속에서 너를 나의 중심에 가져오기 위한 아주 강렬하고 생생한 경험이다. 사랑은 너와 나의 실존을 걸고 하는 경험이므로 육체적 감각적 사랑에서 시작하여 인격적, 정신적 사랑으로 더 나아가 영원한 자기희생적 전인적 사랑으로까지 발전한다.

셋째, 인간은 사랑을 통해서 자기중심적 인간에서 타자중심으로, 더 나아가 영원한 너인 신에 대한 지복직관으로 나아간다. 이는 인간이 행복을 더욱 심화하는 과정이다. 우리가 우리 자신을 위할 때보다 남을 위해 생각하고 행동할 때, 더 큰 행복을 찾을 수 있다는 진리 역시 여기서 도출된다.

넷째, 인간은 사랑을 통해서 물질, 능력, 소유, 권력보다도 인간 그 자체가 더 중요하다는 사실을 깨닫는다. 영원한 진리를 인식하고 완전한 자유를 행하려는 인간의 욕구 때문에 인간은 존엄하다고 말할 수 있다.

## 참고문헌


- Fr. Chuck Gallagher, S. J., *Matrimony*(이소우 역, 『기적을 이루는 사랑』, 1981).
- Jean Baptiste Lotz, *Die drei Stufen der Liebe*(심상태 역, 『사랑의 세 단계』, 1985).

# 10장 성과 결혼

산부인과 병원에서 신생아가 태어나면 탄성과 함께 들리는 첫 번째 대화 내용은 '남아' 인지 아니면 '여아' 인지에 관한 것이다. 우리가 어린이건 성인이건 다른 사람과의 대면 속에서 인식하는 첫 번째 특징은 그가 여성인지 남성인지에 관한 것이다. 그처럼 성(sexuality)은 인간 상호관계에서 영향력이 크다. 인간에게 남성과 여성이라는 성의 구별은 인간본질의 핵심일까? 아니면 남성과 여성은 보편적인 인간성이라는 본질의 하위에 있는 우연적 속성에 불과할까? '여성' 과 '남성' 이라는 구별은 인간실존의 어떤 차원일까?

성은 무엇보다 생물학적 구조와 생식 역할과 관련된다. 그러나 우리가 인문학에서 말하는 남성성(maleness)이나 여성성(femaleness)은 신체적 구조에서 오는 성별보다 더 심오하다. 생물학자들도 남성과 여성 사이의 일차적인 성징의 차이 외에도 심리에 이차적인 차이가 있다는 점을 인정한다. 성별은 인간 안에 있는 생식 능력보다 앞설 뿐 아니라 생식 능력의 소멸 이후에도 남는다. 이러한 점들은 성이 생식 과정에서의 기능과 관련되어 있지만 실제로는 인간실존의 심층차원이라는 점을 말해 주고 있다. 이런 이유로 밀턴 다이아몬드는 인간의 성적 발전을 "남성이나 여성의 신체, 정신, 행위 속에서 나타나는 모든 것"이라고 정의한다. 프로이트 이래 심리학자들은 생식기 중심적인 성(genital)과 정서적인 성(affective sexuality)을 구별하고 있다. 생식기 중심적인 성은 생물학적 차원과 심리학적 차원에서 논의할 수 있겠고, 정서적인 성은 타자에게 도달하려는 욕구 배후에 있는 정신적 차원과 관련되어 있다. 사랑, 자비, 친절, 온정 등의 정신적 차원의 정서는 생물학적, 심리학적 차원의 성별에서 출발하여 발달한 것이지만 그것과는 다른 차원이라는 점을 지적할 수 있다. 마치 에로스가 육체의 아름다움에서 시작하지만 도덕적 덕의 아름다움을 지나 아름다움 자체를 향한 사랑으로까지 나아간다는 구조와 맥락을 같이한다.

그러므로 성은 남성과 여성으로서의 인간에게 수태부터 죽을 때까지 본질의 중요한 요소를 이룬다고 보아야 한다. 인간은 그저 보편적 인간성 안에 존재하는 것이 아니라 구체적인 육체적 조건, 즉 남성, 혹은 여성으로서 존재한다. 성은 세계 내에서의 인간의 존재방식, 남성과 여성으로서 세상과 관계를 맺는 인간의 존재방식에 있어서 본질적이라는 말이다. 성은 인종, 문화, 언어, 나이보다도 더 본질적인 존재방식이자 실존경향이라 할 수 있다. 그리스도교 내에서 보편적 인간성을 강조하고 성을 죄와 관계 지어 보려는 학파(니사의 그레고리)와 남녀평등을 강조하기 위하여 성차를 축소하려고 하는 페미니즘에서는 성을 인간본성의 핵심으로 보지 않으려는 경향을 우리는 알고 있다. 현대 행동과학을 기초로 성에 관한 윤리적 문제를 신학적으로 성찰한 바티칸의 「성 윤리에 관한 선언」(Declaration on Sexual Ethics)에서 "성은 모든 실존의 순간에 인간존재의 모든 행위에 스며들고 영향을 미치며, 파급되는 힘으로서 파악된다. 그것은 제한된 삶의 한 분야에서만 작용하지 않고, 우리의 전체적인 삶의 응답의 중심과 핵심에서 작용한다"고 서술하고 있다.

## 1. 성차와 성평등

진화론적으로, 문화사회학적으로 여성과 남성의 정체성이 달리 발전해 왔고, 성격과 기질에 따라 매우 다양한 차이성을 가지고 인간은 이성(異性)과 소통하고 있다는 것을 이해할 필요가 있다. 존 그레이의 『화성에서 온 남자, 금성에서 온 여자』라는 책은 이와 같은 남녀의 기질, 관점, 기본태도의 차이를 잘 설명하고 있다. 그레이는 화성에서 온 남자는 수리공, 금성에서 온 여자는 가정발전 위원과 같다고 표현한다. 여자가 남자의 공감을 얻고자 할 때 남자는 항상 문제를 해결해 주기를 바란다고 생각하기 때문에 상황을 악화시킨다고 한다. 또 여자는 천성적으로 남자를 좀 더 낫게 변화시키려 하지만 능력을 인정받고 싶은 남자는 이를 모욕으로 받아들여 싸움이 시작된다. 남녀의 차이를 어느 정도 일반화해 말할 수 있다고 하더라도 각각의 인격은 또한 고유한 것이어서 어떤 사물이 그 본성이 동일하기 때문에 예상해서 관계할 수 있는 그런 방식으로 인식할 수 있는 것이 아니다. 진정한 사랑은 자기가 원하는 것을 상대방에게 주는 것일지라도, 자기방식대로 주는 것이 아니며, 그가 원하는 방식으로 해 주어야 한다. 그리고 그가 늘 사랑받고 있다는 확신이 들도록 그의 방식으로 인식할 수 있도록 배려하는 것도 필요하다는 것을 알아야 한다. 사랑은, 특히 남녀 사이의 우정과 사랑은 조심스럽게 몇 번이고 탐사를 해야 하고, 시추 공사를 통해 확인하고 나서야 금맥을 캘 수 있듯이 자기와 완전히 다른 인격적 존재에게 무한한 존경심과 경이감을 가지고 이해하려 노력하고 서로를 이해시키기 위해 자신을 개방해야 한다.

이런 점에서 청소년기에 이성 교제를 하는 것은 여러 가지 이점이 있다. 이성 교제를 통해 자기 성과 이성에 대한 인식과 이해를 넓히고 남녀의 역할을 발견하며, 이성을 존중할 줄 아는 자질과 태도를 키우고, 그리하여 자신의 생의 목표를 세우고, 이성의 동료들과 함께 보다 넓은 세계와 사회 경험, 사회적인 적응을 배울 수 있는 기회를 얻게 된다. 이성을 사랑하는 체험으로 사랑의 본질과 기쁨을 알게 됨으로써 이성에 대한 혐오감이나 공포심을 덜 수 있고, 남성과 여성의 특성을 파악함으로써 남녀가 서로 어울려 지내는 예절과 태도를 배운다. 그리하여 장차 배우자 선택이나 결혼 생활에 대한 유익한 자질을 갖출 수 있을 것이다. 그런데 요즈음 남녀 젊은 이들이 연애를 실존적 자기한계를 넘어 더 큰 세계로 인격적 관계를 확장하는 체험으로 이해하기보다는, 사회화의 일환으로 성역할 또는 섹슈얼러티를 체험한다는 의미의 자기계발 또는 스펙 쌓기의 기회로 여긴다는 보고가 있다. 즉 연애를 할 때 남자들은 권력자, 보호자 또는 폭력자, 주체자, 주는 자의 입장에서 행동하고, 여자들은 보호받는 자, 수용자의 입장에서, 섹시함과 매력을 위장하여 남자친구에게 선택받는 짜릿함과 보호받는 달콤함을 느끼면서 피해자로서의 자기방어의 방법을 터득하는 자기계발의 실습장으로 본다는 것이다. 남성성과 여성성의 이분화된 사회적 성(gender) 규범에 근거한 강박적인 연애는 무비판적으로 남성중심의 사회를 공고화할 우려가 있다. 이성 교제를 통해 자아 존중감과 자율성을 높이고, 더 큰 세계를 향해 자기를 개방하여, 마침내 더 큰 행복으로 나아가는 것을 포기하고, 타자의 인격을 성과 분리하여 쾌락을 추구하고 성을 지배하는 도구로 사용하는 것은 스스로 자신의 존엄성을 해치는 것이다.

앞 장에서 우리는 에로스(사랑)의 메커니즘과 단계들을 살펴보았다. 한편으로 인간은 독립된 자율적 존재이면서, 다른 한편으로는 홀로 살 수 없는 육체적, 심리적, 정신적 한계를 지닌 존재이다. 시간과 공간이 제한된 개체적 생명으로서의 개인은 생식을 통해서 종적 생명으로 본능적 욕구, 영원히 존재하고자 하는 본능을 실현한다. 이런 관점에서 보자면 한 인간은 한 남성, 한 여성으로 태어나 사랑을 통해 하나가 되고 더 나아가 새로운 생명을 잉태하고 출산, 보육하며, 교육하는 전 과정 속에서 비로소 진정한 의미의 인간이 되는 것이다. 따라서 생존과 자녀 출산, 자녀 교육 등의 기초적인 인간 삶 안에서 여성과 남성은 동등하게 참여하고 있고, 서로 다른 본성적 특질을 가지고 있지만 인간본성적 차원에서 동등한 인격성과 존엄성을 가지고 있다고 보아야 한다. 서로의 인격을 자기의 중심에 두고자 하는 사랑의 심리와 실천을 통해 자기 자신을 실현하는 존재인 한, 사랑의 대상인 타자가 자기 자신의 기초가 되는 것이고, 자기 안의 타자를 섬기고 사랑하지 않는 한 자기 자신을 사랑할 수 없게 되는 셈이다. 이런 인간성의 구조로 보자면 모든 남녀, 모든 여남의 관계가 일치를 지향하고 있고, 따라서 평등한 인권을 가진다. 다만 생물학적 역할과 기능이 구별될 수 있고, 이것이 긴 역사를 통해서 분업화되어 본질적 특성을 드러내고 있지만 이 구별이 차별을 의미하는 것은 결코 아니다. 차이성을 차별하는 전통과 풍속이 인간이성에 의해 도전받고 수정을 요구받는 것은 당연한 일이다. 남성과 여성은 인간으로서 양심과 책임을 의식하면서 언제나 나 자신뿐 아니라 우리 모두의 기본적 선에 관심을 가지고 연대해야 한다. 그 기본적 선이란 간단히 말해 인간성(humanity)이며 인격의 가치에 대한 긍정이다. 사랑의 이름으로 인격을 물건처럼 사용할 수 있겠는가? 남성과 여성의 관계를 단순히 결혼 관계에 제한하지 않고 넓은 의미로 본다면 우리가 말하는 사랑이란, 성의 차이와 무관하게, 남성과 여성이라는 성차에서 오는 특수성과는 무관하게 인간성과 인격, 인권이라는 가치를 대변하는 선에 기꺼이 투신하려는 행위이자 태도일 수밖에 없다.

대학생들은 지금 이성 친구가 없다고 해서 소외감을 느끼거나 초조해야 할 필요는 없다. 이성 교제는 서두르지 않고 자연스럽게 시작할 수 있다. 대학생들은 대학에 입학하여 전공분야에서의 학습과 원하는 동아리에서의 공동체 생활 속에서 자연스런 교제를 시작할 것이다. 졸업 후 사회에 나가 직장생활을 하고 더 넓은 세계를 경험하면서도 이런 교제는 계속된다. 대학에서 적어도 4년 동안은 자기 전공과목에서 열심히 공부해야 하고 적어도 3년 정도는 직업을 구하고 적응하는 데, 혹은 전문 분야의 교육을 더 심화하는 데 노력해야 하므로 이성 교제를 할 때 어느 정도의 절제와 어느 정도의 개방적 태도가 균형을 이루는 것이 좋다. 따라서 이 기간 동안에 성적 욕구를 어떻게 잘 통제하면서 성 에너지를 승화시켜 보다 창조적이고 미래지향적으로 투자하느냐에 따라서 미래의 행복은 그만큼 더 보장될 것이다. 남녀가 정신적으로만 사랑을 해야 한다고 말하는 것이 아니다. 그것은 애당초 불가능하고 건강한 것도 아니다. 젊은 남녀는 항상 몸과 마음이 결합된 전인적 인격으로 만나게 된다. 앞에서 플라톤의 『향연』에 관한 설명에서 다루었듯이 일반적으로 알려진 '플라톤적 사랑'이라는 개념은 잘못되었다. 플라톤은 한 육체의 아름다움에서 육체의 아름다움 자체로, 그리고 육체의 아름다움에서 영혼의 아름다움으로 승화되어 간다고 말하지 않았던가. '플라톤적 사랑'은 육체와 정서, 심리와 정신적으로 다른 이성 간의 사랑을 심화시켜 나가되 그래도 이성의 통제하에 다른 삶과 조화를 이루며 절제된 사랑으로 나아가는 것을 의미하는 것이다. 청소년들이 혹시 이성 친구를 잃을까 두려워(진정으로 자유로운 사랑의 감정으로가 아니라) 혼전 성교를 하게 된다는 보고가 있는데 이런 강박적인 관계는 성공적인 결혼으로 나아가기가 힘들다. 따라서 결혼하기 전에는 성행위를 자제하고 폭넓게 이성 친구들과 교제하는 것이 더 바람직하다. 결혼과 무관하게 성행위를 요구하는 그런 교제는 사랑의 길로 들어선 것이 아니고 쾌락이나 그릇된 문화를 따라 하는 사회화로 가는 것이다. 적지 않은 청소년들이 자유와 방종을 혼돈하여 책임질 수 없는 성폭행, 성범죄를 저지르거나, 원하지 않는 임신을 하여 학업을 중단하거나 전인격적 발육에 커다란 방해를 받고 있는 현실은 간과할 문제가 아니다.

## 2. 결혼

앞에서 언급했지만 사랑은 사람들이 자신의 목표로 선택하여 스스로 그에 투신하는 어떤 공통된 선(善)에 대한 공동의 태도와 행위를 조건으로 한다. 결혼은 이 원리가 실천적으로 적용되는 가장 중요한 영역이다. 결혼을 통해 남성과 여성은 공식적으로 '한 몸'이 되고 성생활의 공동주체가 된다. 공식적으로 '한 몸'임을 공표하고 사회로부터 인정을 받는다는 것은 두 사람의 책임 있는 성생활을 다짐하는 것이자, 공동주체인 '한 몸'을 제3자로부터 보호하고 그 침입을 배제하겠다는 선언이기도 하다. 사회공동체는 이를 법적 권리로 인정하고 지지해 준다. 사랑이 단지 육체적인 에로스에 그치는 것이 아니라 정신적 인격적 에로스, 더 나아가 자기희생적 신적 에로스의 단계로 나아가듯이 결혼을 통해 다짐하는 공동의 태도와 행위 역시 공동주체로서의 성생활에 국한되는 것이 아니다. 출산과 미래의 세대 그리고 가족, 그와 동시에 결혼 생활에 포함된 모든 영역에서 두 사람 사이의 사랑의 관계가 지속적으로 성장하는 것을 포함한다. 그런데 결혼 생활에서 가장 많은 문제를 야기하는 영역은 다름 아니라 성생활의 공동주체라는 영역에서이다. 이 영역에서는 사랑의 주체와 사랑의 수단이 동시에 만난다. 성적 관계에서 상대방은 즐거움을 향유하기 위한 행위의 주체이면서 동시에 행위의 대상이기 때문이다. 우리는 상대방을 '사랑하다'와 '사용하다'를 구별함으로써 이 문제를 해결해야 한다. 이 구별을 위해서 성적 관계에서 상대방은 즐거움과 기쁨의 고유한 원천이면서 동시에 인격이라는 점이 중요하다. 따라서 상대방인 다른 인격은 동등한 자기 결정권과 동등한 동반적 지위를 가지고 육체적, 감정적, 정서적 즐거움에 참여하는 것이다. 동물의 성생활은 자연적이고 본능적인 수준에서 이루어지지만 인간의 성생활은 인격적이고 도덕적인 수준이 동반된다. 인간만이 성생활 안에서도 상호인격적 관계를 요구한다. 요즈음은 부부관계 안에서도 '강간' 또는 '성폭력'이라는 사태가 일어난다고 보고된다. 이런 경우는 성적 상대방을 관능적 즐거움의 수단이자 대상으로, 자신의 본능적 욕구를 실현하려는 대상으로 보고 행동하기 때문에 발생한다. 모든 성 윤리와 도덕성은 자연적 본능과 욕구에 거슬러 존재한다. 한 인간의 행위의 목적은 자신의 자연적 욕구의 해소로 그치는 것이 아니라 타자와의 인격적 관계로, 공동선의 차원으로 상승하기 때문이다. 인간은 모두 진정한 의미의 쾌락과 즐거움을 추구하지만 고통과 강압으로부터 해방되고자 하는 인격이라는 점을 간과해서는 안 된다. 성생활에 대한 우리의 논의가 이제 인격주의적 입장에서 쾌락주의적 입장을 비판하는 상황이 되었다. 쾌락주의적 관점은 공리주의에서 파생하며 인간 행위는 유용성에 따라 선악이 구별된다고 생각한다. 이들에게 유용한 것이란 쾌락이며 쾌락에 반대되는 것을 제거하는 것이다. 쾌락에는 관능적이고 육적인 쾌락과 정신적이고 고차원적인 쾌락이 있다고 그 다양성을 이야기한다고 하더라도, 공리주의는 쾌락 그 자체를 중요시한다는 점에서 한계를 지니고 있다. 인격주의적 관점은 인간이 육체와 정신의 합성체이며 이 두 요인이 한 인격을 구성하고, 인격의 이성성 때문에 개별적 주체를 초월하거나 넘어선 객관적 선을 추구한다는 점을 중시한다. 쾌락은 본성상 잠시 동안 유지되는 선이고 특정한 개별주체만을 위한 선이지 주체를 초월할 가능성은 없다. 쾌락을 유일한 선으로 간주한다면, 설사 나 자신뿐 아니라 타인의 최대의 쾌락을 위해 노력한다 하더라도, 결국 내가 다른 인격의 쾌락에 가치를 두는 것은 타인이 나를 통해 쾌락을 경험한다는 그 사실이 나에게 쾌락을 주기 때문이다. 그러나 만일 타인의 쾌락에서 내가 쾌락을 경험하지 못하게 되거나 타인의 쾌락이 내 '행복의 계산' 에 부합하지 않으면 타인의 쾌락은 더 이상 나의 의무 또는 나의 선이 되지 않을 뿐 아니라 적극적으로 악한 어떤 것이 될 수 있을 것이다. 공리주의적 입장에서는 타인의 쾌락을 제거하는 것이 나에게 선이 될 수도 있다. 공리주의의 피할 수 없는 이기주의를 극복하기 위해서는 쾌락을 넘어서는 객관적 선을 인정해야 한다. 객관적 선이야말로 인격들을 일치시키고 이를 통해 공동선을 형성하는 가능성이다. 공리주의적 사고가 행위로 옮겨지면 결국 인격을 — 자신의 인격은 물론 타인의 인격까지 — 쾌락이라는 목적을 위한 수단으로 전락시키고 만다. 그러나 우리가 앞에서 고찰한 인간으로서의 사랑의 내용이나 결혼의 공동선을 고려할 때 인격의 가치를 승인하는 것으로부터 사랑은 시작된다.

## 3. 혼전 성교

남녀 사이의 성 심리에는 같은 점도 있지만 다른 점도 있다. 이러한 다른 심리로 말미암아 오해가 발생해 서로 더 깊이 교제하지 못하고 엉뚱하게도 원치 않는 결과를 초래하는 경우가 많다. 상대방의 성 심리의 특성을 바로 알고 스스로 표현을 분명히 하는 등의 적절한 행동을 준비해야 한다. 예컨대 남성은 성적 행위로 사랑을 확인하려 하는 경향이 있는 데 비해, 청소년기의 여성의 경우에는 아직 사랑의 정서적 관계나 감정을 더 중시하는 경향이 있다. 또 남성의 경우 사랑하는 감정이 없어도 성적 충동에 쉽게 빠질 수 있으나, 여성의 경우에는 아직 이런 남성의 성 심리를 이해하기 어려운 점이 있다. 남성의 경우에는 여성들이 무조건 야성적인 남성을 좋아할 것이라고 잘못 생각하는 경우도 있다. 또 여성이 상냥해서 남성에게 싫어하는 느낌을 제대로 표현하지 않는 경우, 마음속으로는 좋아하면서도 내숭을 떠는 것으로 오해하거나 그저 한 번쯤 거부해 보는 것으로 가볍게 여기는 경우도 있다.

혼전 성교의 금지는 성행위의 의미를 보존하려는 관심에서 출발한다. 성교는 결혼을 위하여 보류되어야 한다. 결혼 생활에서 행하는 성행위의 의미는 무엇인가? 스탠리 그렌즈(Stanley J. Granz)는 이를 세 가지로 정리하고 있다. 첫째, 성행위는 서로에 대한 서약을 상기하는 것이다. 성교는 선서의 재현이며 그들의 외적 서약에 대한 외적 조인을 형성하는 결속을 나타내고 그들 사이의 결속에 영향을 미친다. 둘째, 상호복종이다. 결혼한 부부는 성교를 통해서 그들의 모든 관계 영역에서 서로 즐겁게 해 주려는 갈망을 표현한다. 셋째, 성교는 그들의 관계를 넘어서려는 부부의 개방성의 생생한 표현이 되어야 한다. 즉 새로운 생명을 관계 속에서 기꺼이 받아들이려는 마음을 표현한다. 그런데 혼전 성교는 위의 세 가지의 의미를 결여한다. 그들도 성행위를 통하여 서로에게 느낀 깊은 사랑을 표현할 수 있다. 그러나 그들의 사랑의 서약이 공적인 표현으로 나타나고 사회적인 재가를 받을 때까지 여전히 빈약한 것으로 남는다. 그들의 성행위가 사랑의 선언은 될 수 있을지라도 성교를 아름다운 행위로 만드는 것, 즉 공적으로 맹세한 서로에 대한 영속적인 서약의 재현이나 재확인이 될 수 없다. 그 성행위는 커플이 정절 서약을 공적으로 암송한 결혼식 당일에 대한 지속적인 회상으로 봉사할 수 없을 것이다.

혼전 성교가 성 개방 풍조에 따라 일반화되어 있다고 해서 윤리적으로 정당화되는 것은 아니다. 어느 누구도 결혼 이전의 성 경험이 금욕보다 관계를 위해서 더 건강하다는 것을 논증하지 못했다. 리처드 헤트링거(Richard Hettlinger)는 "널리 유포된 신화와는 달리, 과학적 혼전 성교가 성공적인 결혼으로 발전한다는 것을 입증할 만한 증거는 없다"고 말한다. 그러나 이와 반대로 혼전 성교 경험 없이 두 파트너가 맺는 결혼이 확실한 장점을 가지고 있다고 스탠리는 주장한다. 첫 번째 장점은 성과 결속 사이의 관련에서 생긴다고 한다. 과거의 성교 경험은 결혼에 심리적인 문제를 일으키고 결속 과정에 방해가 되는 경우를 배제하지 못한다. 또한 남성들과 여성들 가운데서 일어나는 혼전 성교와 그에 잇따르는 간음 사이의 상관관계에 관해 보고된 것처럼, 혼전 성교는 미성숙한 피상적인 성적 행위의 패턴으로 발전하여 한 이성을 강력히 사랑할 수 있는 능력을 상실하게 할 수 있다. 혼전 금욕이 가져다주는 두 번째 장점은 과거의 성교 경험으로 해서 발생하는 비교와 경쟁의 위험성을 피할 수 있는 것이라고 한다. 혼전 성교로 깊은 관계를 맺은 젊은이들이 마침내 서로 결혼한다 하더라도 나중에 그들의 관계가 결혼으로 발전하지 않을 수 있었을 것이라고 쉽게 생각할 때, 또는 그들이 결혼을 위해 왜 성교를 아껴두지 않고 성급했는지 반성할 때를 고려한다면 혼전 성교는 미래의 죄책감을 가져올 수 있다. 스탠리는 세 번째 장점으로 성병으로부터의 자유를 든다.

혼전 성교를 엄격하게 삼가도록 하는 전통은 성행위를 금기하거나 혐오해서가 아니라 오히려 중차대한 인간적 행위로 보기 때문이다. 의미 있는 인간적 행위는 인내와 절제를 통해서 완성된다. 여자와 남자, 사랑이라는 이름 아래 성적 충동에 자신을 맡겨 본능적으로 행위할 경우 스스로 책임지기 어려운 상황, 나중에 후회할 상황이 오게 되어 자신의 행복과 이상적인 인생설계에 지장을 초래할 수 있다. 물론 인간의 행복이란 자신의 계획대로 성취되지 않고 행운을 기다려야 하는 측면이 분명히 존재하겠지만 자신의 충동에 의해 반윤리적이고 반이성적 행동으로 나아가는 것은 피해야 한다. 혼전 성교를 통해 남녀가 함께 자신의 정서적 순결, 처녀성을 상실하게 되는 것은 물론 그 뒤에 기다리고 있는 임신이라는 문제, 결혼해야 한다는 강박감을 의식하지 않을 수 없다. 미혼 여성뿐 아니라 미혼 남성도 혼전 성교에 의해 많은 신체적, 정신적, 심리적 영향을 받게 된다. 심리적 영향으로는 순결을 상실함으로써 죄책감을 느낄 것이고, 순간적인 성 충동을 억제하지 못한 것을 후회하게 되며, 혹은 육체적인 관계를 맺은 상대방으로부터 성병에 감염되지 않을까 의심하기도 한다. 청소년들은 면역성이 약해 성병에 감염되기 더 쉬운 것으로 알려져 있다. 피임 실패로 임신의 불안이 생기고, 미래의 결혼 상대자는 자신의 성적 경험을 받아들이지 않을 수도 있다는 불안감도 따른다. 성적 관계를 맺은 상대방과 결혼하게 되어도 상당한 세월이 지나 결혼 생활에 심리적 의혹이 따라오기 쉬운데, 그것은 자신의 결혼이 혼전 성교에 대한 일종의 강박적 책임 때문에 이뤄진 것이지 결코 자발적인 것이 아니라고 후회하는 경우도 많기 때문이다. 미성년일 경우 그 어려움의 정도는 더욱 크다. 난산의 확률이 높고 출산 합병증이 오기 쉬우며, 조숙아, 미숙아가 태어나기도 한다. 또한 임신된 사실을 타인에게 알리기를 꺼려하고 출산에 대한 두려움은 커지고 미혼모로서의 낙인이 찍히며 수치스러움을 해소하지 못한 채 생활할 때 심리적 갈등은 이루 형용할 수 없다. 정신적 압박과 갈등, 분노가 교차되어 나타난다. 신체적 고통은 이루 표현할 수 없을 것이다. 경제적 측면과 사회적 측면을 살펴볼 수 있는데 양육 비용이 문제이고 양자로 입양시키느냐 양육하느냐의 문제와 사회의 멸시와 함께 주변 사람들의 냉대를 어떻게 감수할지 대처 방안을 고민하게 된다. 단지 임신이 문제라면 학교에서 피임법을 잘 교육하여 임신을 막을 수 있도록 하면 해결된다고 생각할 수 있지 않을까? 인간의 성행위를 단지 공리주의적 쾌락의 양으로 평가하려 한다면 그렇게 해도 문제가 없을 것이다. 그러나 앞에서 보았던 인간의 성은 본능 해소를 넘어 인격적, 윤리적, 사회적으로 발전해야 한다는 점을 숙고해야 한다.

## 4. 자위행위

인간이 느끼는 성적 매력과 성 욕구의 유발은 문화에 따라서, 교육받은 사회적 기준과 가치에 따라서 서로 다르다. 그런데 성욕 그 자체는 식욕(개체보존)과 함께 모든 건강한 인간에게 주어진 종족보존과 종의 발전을 위한 본능이라 할 수 있다. 특히 청소년 시기에는 그 어느 때보다도 성욕이 강할 때다. 왜냐하면 생식기관에 영향을 미치는 강력한 호르몬이 분비되기 때문이다. 어떤 경우에는 정액이 많이 비축되어 성적으로 흥분될 수도 있다. 그리고 일부 여성들은 월경주기 바로 전후에 성욕이 강해진다고 한다. 이처럼 현대의 청소년들은 이미 육체적 성으로는 성숙하여 생식을 할 수 있는 능력을 갖추었을지라도 교육과 구직활동, 사회적 경력을 쌓기 위해 결혼을 미루는 기간을 늘려야 하는 상황이므로 심리적 긴장과 부담 속에 살아가고 있다. 이런 육체적 생식조건뿐 아니라 인터넷 등에서 음란물에 쉽게 노출되고, 음란물이 아니더라도 텔레비전이나 잡지 등에서 성욕을 자극하는 등 외적 조건 때문에 청소년들은 성적 자극을 강하게 받고 있다. 여기서 발생하는 일반화되어 있는 경향이 자위행위(masturbation)이다. 여기서 자위행위란 한 사람이 자신의 신체에 일련의 성적 흥분상태를 일으켜 오르가슴에 이르게 하여 성적 욕구를 해소하는 자발적 행위를 말한다. 성적 자극을 받거나 욕구를 갖는 것은 전혀 혐오스러운 일이 아니고, 자연의 이치 혹은 신의 창조적 뜻으로 받아들일 수 있다. 또 청소년들이 이런 환경의 자극과 호기심으로 성에 관심을 갖고 적극적이든 소극적이든 자위행위로 나아간다고 하더라도 부모나 교사는 자연스럽게 대하고 지나친 죄책감이 들지 않도록 하는 것이 중요하다. 생리적 성 욕구가 충만하지만 성 에너지를 어떻게 다루어야 할지 아직 서툰 그들이 서서히 성을 배우고 체험하는 일시적 대체 행위로 보아야 하기 때문이다.

그들은 이성적 인간으로서 민감한 감각기관을 통해서 성욕을 자극받아 지성과 의지의 통제 없이 관능적 쾌락으로 치달아 갈 수 있는 메커니즘을 체험하면서 이를 극복하기 위해 안간힘을 다한다. 통계적으로 보면 청소년 시기의 대다수 남자(80퍼센트)와 적지 않은 여성(30퍼센트)에게서 자위행위는 일반화되어 있는 것으로 보인다. 그러나 현대의 성 개방 문화와 성 상품화의 풍조, 쾌락 우선적인 공리주의적 가치관을 무비판적으로 받아들여 자위행위를 성적 욕구를 해소하는 건전한 배출구로 선전하는 경향에는 주의를 기울여야 한다. 일반적으로 행해지고 있다고 해서 그것이 윤리적으로 옳은 삶, 행복한 삶으로 인도하고 있다는 것을 의미하지는 않는다.

우선 심층심리학적 차원에서 자위행위에 대해 숙고해 보자. 첫째로, 자위행위는 여러 원인에 의해 진행되겠지만, 근본적 원인은 여러 영향에 자극받는 성 본능 자체이다. 심층심리학은 인간의 성적 발달은 자기애에서 동성애를 거쳐 이성애로 나아간다고 보고 있다. 미혼상태의 청소년들의 성은 아직 상대방에게 향하지 않은 상태이므로 자기 스스로에게, 즉 자기애적인 것으로 정향된다. 자위행위를 통해 증가하고 거세어진 본능 충동의 해소책을 발견하는 것은 대부분 우연히 혹은 충동에 의해 이뤄진다. 점차 그는 경험을 통해 자위행위가 자기애의 전형적인 표현이라는 것을 깨닫기 시작한다. 나이가 들어서도, 결혼을 한 상태에서도 계속 이 자위행위에 집착한다면 이 사람은 자기애 속에 탐닉하여 퇴영하고 있는 상태라고 말할 수 있다. 자기 주변 사람들과 인격적으로 개방하고 상호소통하는 교제관계를 만들거나 발전시키는 것이 어려우면 어려울수록 이런 퇴영적 정서와 이 정서와 결합된 자위행위에 더욱 고착되어 있음이 관찰된다. 따라서 지나친 자위행위는 인간적 인격성의 결함 또는 미성숙, 자기애의 정서에 사로잡히는 나르시시즘을 의미할 수 있음을 주의해야 한다.

둘째로, 자위행위는 자극에 의해서 충동적으로 진행되는 것이라 하더라도 그것이 자발적 행위라는 측면에서 윤리적 판단의 대상이 된다. 엄격하게 말하자면 자위행위의 동기가 무엇이든지, 인간에게 주어진 성 능력의 목적에 반하여 자발적으로 행하고 있다는 점을 지적할 수 있다. 인간은 남성과 여성으로 태어나고 성장하여 정상적인 부부관계 안에서 성적 일치를 이루어 사랑을 표현하고 심화시키며, 그 사랑의 결과로 자녀를 출산하는 것이 성 능력의 목적이다. 인간의 성 능력은 생물학적, 심리학적, 문화적, 사회적, 그리고 영적 차원의 욕구로 나아가게 하는 원동력이다. 성 능력의 행사를 통하여 인간실존이 세계와 환경에 개방적으로 나아가 관계를 맺고 자기를 확장하는 데로 나아가는 것이 본성적이다. 이러한 가운데 가치를 지향하고 행복을 추구하는 것이다. 따라서 자위가 그 자체로는 타인에게 어떤 해악을 끼치지 아니하고 자신의 성욕의 해소를 가져오는 것이라는 점에서 윤리적으로 나쁘다고 판단할 수 없다. 성의 긴장을 해소하는 데 매춘이나 성폭력의 가능성을 배제하고 자위행위를 선택했다면 오히려 차선을 행했다고 말할 수 있다. 청소년기의 발육의 과정으로서(때때로 장년기에도 나타날 수도 있지만) 갇힌 성적 에너지를 일시적으로 방출하는 것일 때, 자위행위는 인간의 성장 단계로서 받아들여질 수 있다. 그러나 일시적인 방출로서의 자위가 강박적인 도피가 될 때 긍정적인 가치는 파괴된다. 자위행위가 적절한 한계 내에서 사용된다고 하더라도 그것이 높은 차원의 성적 표현이나 승화와 같은 성 에너지의 생산적 사용으로 나아가지 않는 한 충만한 것이 될 수 없다. 따라서 자위행위가 청소년기의 성적 발육의 긴장에 대처하는 하나의 방법일 수 있다 하더라도 성숙한 인간의 성을 긍정적으로 표현하는 것으로는 평가될 수 없다.

셋째로, 제한적이라고 하더라도 자위행위를 수용하는 차선의 방식은 실제 반대자들이 지적하는 위험성을 결코 간과해서는 안 된다. 그 위험성이란 자위행위는 흔히 성적 판타지, 관음증(voyeurism), 또는 포르노와 연결되어 시행되고 이것이 통제되지 않으면 이 연결은 정신적 공해, 공격 행위로 발전할 수 있다는 것이다. 또한 자위행위는 고치기 힘든 습관으로 발전하거나 강박적인 패턴이 될 위험성이 있으며 결국 죄책감이나 자기모멸감으로 발전할 수 있다. 레위스 스메디스(Lewis Smedes)는 이런 패턴으로 가게 되면 자위행위가 죄책감의 무거운 짐으로부터 생기는 자기처벌의 한 형태가 될 수 있음을 지적하고 있다. 이런 이유로 자위행위에 대한 강박관념을 갖는 사람을 상담할 때에는 죄책감이나 자기모멸감을 갖지 않도록 주의를 기울여야 하고, 그런 경향을 갖는 본인은 자신의 경향을 극복하기 위해 자신을 부정하고 억압하기보다는 자연스럽게 받아들이고 대인과의 관계 개발을 통한 긍정적인 요법을 모색하는 것이 더 좋다. 또 다른 위험성은 미래의 성적 역할에서의 부적응을 초래하는 데에 있다. 자위행위의 습관은 결혼 관계 내에서는 문제를 야기할 수 있고, 독신자들 가운데서는 성욕도착이나 강박관념으로 발전할 수 있다.

자기애의 정서를 지니고 한편으로 고치기 힘든 강박적인 패턴으로 갈 수 있는 자위행위의 습관에서 벗어나 성욕을 긍정적 성장에너지로 승화시킬 가능성이 있는가? 윤리적 행위에서 다른 대안적 행위를 자유로이 선택할 가능성이 없으면 우리는 자위행위를 윤리적으로 문제 삼을 수 없다. 인간의 본능과 행위 사이에 결정론적 입장을 고수하면서 자유의지를 부인하는 사람에게는 가능성은 존재하지 않다고 말할 것이다. 지성이 물질에 의존하지 않는다는 의미로 사용하는 '지성의 영성' 을 부인하는 사람은 의지의 영성 또한 부인한다. 행태주의자(behaviourist), 쾌락주의자(hedonist), 그리고 유물론자(materialist)들은 인간의 행위는 결국 감각의 쾌락에 지배받고 감각적 자극과 반응으로 설명될 수 있다고 생각한다. 그러나 인간의 행위는 감각적 욕구와 감정과는 질적으로 다른 갈망을 담고 있음이 명백하다. 첫째, 우리는 자주 감각적 욕구와 지성적 욕구 사이에 갈등이 있음을 체험한다. 식욕이든 성욕이든 육체적 욕구를 자극하는 대상에 정신없이 몰두하고자 하는 이끌림을 느끼면서도 우리는 자제를 하는 경우를 체험한다. 의사의 권고를 떠올리는 것이나 사람들 앞에서 도덕적 인격을 유지해야 하는 지성과 의지의 활동을 떠올려 보라. 둘째, 우리는 기꺼이 주의를 기울이고 싶지 않은 대상에도 의지적 주의를 가지고 우리 감각과 정신을 집중하는 경우가 있다. 영화를 보러 가고 싶은데 이를 참고 하기 싫은 시험공부를 하기도 한다. 우리의 의지는 감각적 욕구를 선택할 수도 있지만 지성의 요구에 응답할 수 있다는 말이다. 셋째, 감각적인 것과는 다른 영적인 대상, 도덕성, 정의, 영혼의 구원, 신을 찾기도 한다. 넷째, 의지는 지성에 의해서 선한 것으로 알려진 것을 추구하는 능력이다. 지성이 영적이라면 의지도 이와 비슷한 것이라 할 수 있다. 따라서 성적 욕구, 관능적 욕구가 외부자극에 의해서 발생했다고 해서 단순히 그 욕구에 굴복하고 자기애적인 자위행위로 나갈 수밖에 없다는 것은 이성적 본성을 지닌 인간의 인격을 과소평가하는 것이 된다.

성욕을 의지적으로 통제(control)하는 것을 심리학적으로 위험하다고 비난하는 사람도 있다. 신경증(노이로제)을 일으킬 수 있는 억압(repression)으로서의 강한 통제라면 성욕이 지금은 출구가 막혀 눌려지지만 곧 폭발하고 만다. 이런 의미에서 의지적으로 억압하는 것은 옳지 않다. 억압이라는 것은 자극 혹은 감정적 반응이 여전히 존재하고 그것의 진정한 출발점 혹은 동기가 자각되지 않았을 때 발생한다. 그러나 억제(suppression) 혹은 통제(control)는 강한 성의 충동의 의미를 완전히 잘 인식하고 그것을 승화된 방향 그 어딘가로 정향시키기로 결심하거나 그것의 표현을 금지하는 것이다. '억제'는 의식적이고 이성적인 숙고 중에 일어나고 '억압'은 무의식적이고 감정적으로 이루어지는 것이다.

그러므로 지나친 자위행위의 강박에서 벗어나기 위해서는 우선 성적 충동의 원천이 어디에 있는지 자각하고 자기폐쇄적 자기애 또는 자기탐닉에 굴복하지 않기로 결심한 후 그 긴장상태를 유지해야 한다. 여기서 이런 성적 충동을 억압하거나 이 충동을 다른 것으로 보상하려는 사회적인 압력에 굴복하는 식의, 억압적 승화가 아니라, 성숙 과정을 선도하는 자유스러운 욕구긴장의 유지, 즉 진정한 의미의 승화가 필요하다. 이러한 성적 충동에 사로잡히지 않고 지성과 의지에 귀를 기울이면 자유스러운 의지에 의한 긴장상태를 유지할 수 있다. 이 긴장상태를 유지할 힘은 건전한 이성 교제, 클럽활동, 유쾌한 놀이와 휴식, 예술과 자연을 가까이 하는 삶을 통해서 기를 수 있다. 또한 성 충동의 메커니즘을 파악하여 성적 자극에 민감해지지 않도록 주변 환경을 관리하는 것은 현명한 일이다. 성적 자극을 주는 책이나 비디오, 음란잡지 같은 것을 정리하는 것이 좋다. 성기와 속옷은 항상 깨끗이 하도록 하고 성기에 자극을 주지 않도록 너무 꼭 맞는 옷은 입지 않도록 한다.

### 참고문헌


- 교황 요한 바오로 2세, 『사랑과 책임』, 김율 역, 2010.
- 「성 윤리상의 특정 문제에 관한 선언」, 교황청 신앙교리성, 1975.
- 스탠리 그렌즈, 『성 윤리학』, 남정우 역, 2003.

# 11장 세대 간의 갈등과 조화

시대를 막론하고 한 사회 안의 구성원들은 같은 시기를 같은 장소에서 살면서도 그들이 자라났던 시절의 정치, 사회, 교육 환경에 따라서, 그리고 그들이 사회적 위기를 경험하면서 갖게 되는 미래에 대한 전망과 비전에 따라서 삶의 질과 자아성취의 내용에 차이를 드러낸다. 이 차이가 주요 의사결정 상황에 이르면 서로 대립되는 양상을 보이곤 한다.

이러한 현상은 국가와 같은 큰 사회 정치 공동체에서뿐만이 아니라 학교나 가정 안에서조차도 일어난다. 부모는 자신들이 성장했던 시절의 추억, 즉 정서와 상처, 고뇌와 희망들이 머릿속 깊이 자리 잡고 있어서 '자신이 경험한 사실'을 바탕으로 자녀들을 훈계하고 충고하지만, 이미 다른 환경에서 자라났고 역동적으로 다양한 관계를 맺고 있는 자녀들의 입장에서 보면 그러한 것들은 전혀 현재의 맥락에 맞지 않는 과거의 특정한 정서와 유산에 불과해 보일 뿐이다.

그러다 보니 우리는 하나의 세계에 살면서도 서로 다른 세계에서 전혀 다른 관점을 가지고, 다른 방식으로 살아가는 사람들을 만나면 감탄하는 일이 종종 있다. 개인은 자신의 매트릭스, 즉 자기만의 가상 속에서 살아갈 수 있음을 염두에 두어야 한다. 윤리적 가치판단의 기준이 나와 다른 수많은 사상들, 이데올로기가 엄연히 존재한다고 보아야 한다. 또한 동년배라고 하지만 남녀의 성차에 의해 형성된 차이도 존재한다. 이 차이란 사회적 성차로 이해될 수 있는 부분도 있지만 이미 유전적으로 기질과 성향이 서로 다른 양상으로 발전되어 온 선천적 성차도 있음을 인정해야 한다. 여기에 종교와 세계관이 다름으로 해서 인간은 근본적인 신념체계도 서로 다르며, 최종적인 실존의 문제에 관해서도 다른 상징과 언어로 해석하고 그 답을 찾기도 한다. 여기서는 시간과 공간의 숙명적인 제약에 의한 견해 차이 중에서도 세대 간에 있어서 정서와 역사의식이 서로 다를 수 있음에 대해서 성찰해 보도록 한다.

우선 세대 간의 갈등이 어디에서 연유하며 그 양상은 어떠한지 생각해 보자. 세대 간의 몰이해와 갈등은 고대 이집트나 고대 중국의 문서에서 찾아볼 수 있다. "요즘 젊은이들은 어른들에게 예의를 갖추지 않고 버르장머리가 없다." 그런데 한국의 현대사회에서도 그 갈등이 더욱 증폭되고 폭넓은 양상으로 나타나고 있는데 그 이유로 첫째, 전통 사회의 붕괴를 들 수 있다. 과거에는 자연에 의탁하는 농경 사회를 이루며 농사 절기에 따라 세시 풍속이 있었고 고유한 전통들은 이런 풍속 속에 잘 간직되었으며 이런 환경 속에서 자란 자녀 세대는 부모 세대와 문화적, 정서적 유대를 비교적 유사하게 가졌다. 그러나 오늘날 산업사회에서는 더 이상 절기에 따라 생활하지 않고, 세시 풍속은 의미가 없으며 그만큼 전통은 약해질 수밖에 없다. 둘째, 예전의 대가족제도에서 핵가족으로, 이제는 더 나아가 기러기 가족, 나 홀로 세대주 가족 시대로 변하게 되었다. 부모 모두가 직업을 갖고 사회에서 경력을 쌓는 경우가 많아서 그나마 가족을 통해서 전해 내려올 지역사회의 전통과 예의범절은 물론, 가족의 역사마저도 전해질 수 있는 시간이나 기회가 현저히 줄어들었다. 가족이 함께 모여 대화하는 시간과 기회 자체가 사라지고 있다. 셋째, 다원주의 사회, 세계화된 사회에서는 이제 어떤 특정한 문화나 정서만을 고집하며 살 수 없는 상황이 되었다. 우리나라에도 많은 이주민들이 살기 때문에 다문화 사회라고 부르고 있다. 한 사회의 전통이라거나 핵심적 가치라고 간주되는 것을 말하면 한 계층의 이익을 대변하는 것으로 쉽게 오해받을 수 있다. 넷째, 이처럼 다원화된 사회에서는 이제 나이가 많고 그 사회에서 경험이 많은 원로라고 해서 특별히 대우를 받아야 할 이유가 없어졌다. 한 문화의 전통이 중요한 것이 아니라 세계의 여러 문화를 이해하고 소통하는 것이 중요하기 때문이다. 다른 문화와 전통, 역사에 대해서 나이 어린 젊은이들이 훨씬 더 정보가 풍부해 어른들에게 배울 것이 없다고 생각할 수 있다. 다섯째, 민주주의 사회에서는 남녀노소 간의 차별을 인정하지 않는 인권사상이 발전해 왔고, 성년이라면 모두 법 앞에 같은 권리와 의무를 실행하는 평등사회여서 전통의 가치와 미래지향적 가치, 보수와 진보와의 갈등이 심화될 가능성은 더욱 커 간다고 할 수 있다.

가족 구성원들 사이의 이념이나 정치적 의견 혹은 가치관은 이런 맥락에서 다를 수밖에 없고, 서로 영향을 미치는 것도 한계가 있다. 그러나 자녀는 태어나서 일정 기간 부모, 특히 어머니라는 환경적 요인에 직접 연결되어 있고, 성년이 되기 전까지 정서발달, 예의범절, 그리고 교육에 부모의 지원이 필수적이기 때문에 부모의 역사관, 교육 정도, 문화적 · 심리적 성향에 영향을 많이 받는다고 할 수 있다. 우리나라 청소년들에게 가장 신뢰할 수 있는 대상은 여전히 부모이며, 사회는 그들에게 연고주의와 부정부패가 만연한 믿을 수 없는 불안 요소이다. 다른 한편 부모는 자식의 양육과 교육, 사회적 출세를 지원하기 위해 여전히 자신의 희생을 마다하지 않는다. 그러나 대다수 부모는 자녀와 상호의존관계를 맺으면서 자신들이 펼치지 못한 꿈을 실현하려 하거나, 무의식적으로 자녀들을 통해 대리 만족을 얻으려고도 한다. 물론 그들에게는 둘도 없는 소중한 자녀이기 때문에 자기의 경험을 통해 얻은 귀중한 지식과 가치를 전해 주려고 한다. 따라서 설문에 따르면 한국의 자녀가 부모에게 효도하는 가장 좋은 방법은 부모에게 순종하는 것이라고 한다. 이것은 부모나 자녀들이 공통적으로 효와 불효의 기준으로 여기는 덕목이다.

그러나 자녀가 부모의 의견에 순종하고 부모는 자신의 가치관에 따라 자녀가 나아갈 방향을 잡아 주는 것이 독립된 개체로 성장하고 자율적으로 미래를 설계하는 자녀에게 항상 유익하고, 의미 있는 영향을 주는 것만은 아니다. 자녀들이 자라나고 있는 환경과 그들이 가지고 있는 고유한 잠재력과 특질을 고려하여 애정과 관심으로 자녀에게 관심과 신뢰를 보내는 교육자로서의 부모상을 기대하기란 쉬운 일은 아닐 것이다. 그렇기 때문에 바로 이 지점에서 부모와 자식 사이의 갈등은 시작된다. 부모는 무엇보다 자녀들이 심리적으로 안정과 자신감을 얻을 수 있도록 가정을 보금자리로 만들어야 하는데, 자기들이 원하는 것을 자기들의 방식으로 강요하다 보면 의사소통은 단절되고 서로 극도로 불신하게 되고 마침내 자녀들이 자기조절에 실패하여 삶에 대한 희망을 잃고 무망감 속에서 극단적인 대응 방법을 찾게 되는 사례가 발생한다. 자녀들도, 특히 교육을 더 받은 성장한 자녀들은 부모들의 감성과 그들의 과거 삶으로부터 연유한 상처와 희망을 잘 헤아리고 무엇보다 그들을 이해하려는 노력이 필요하다. 우리의 어렸을 때를 생각하면 항상 우리를 위해 자신의 삶을 헌신하고, 좋은 것만 해 주려는 부모가 존재했음을 고마워하고 그들을 이해하려는 여유를 가져야 한다. 부모의 염려와 한을 어루만져 주며 의사소통을 시도해야 한다. 그들이 청소년 시절에 그들의 부모에게 행했을 그런 정서와 경험을 존중하고 고려해 좋은 표양과 자세로 임하면 그들도 자녀들을 대견스럽게 바라볼 것이다.

우리가 위에서 친애(사랑)라는 개념으로 일반적인 인간관계를 다루었는데 이것은 모든 인간관계에 적용되는 것이라고 할 수 있다. 인간은 누구나 남에게 이해와 사랑, 인정을 받고 싶어 한다. 아무리 강한 아버지, 어머니라고 하더라도 자녀에게 인정받지 못하고 있다는 느낌을 받는다면 세상의 그 어떤 곳에서 이를 대처할 것을 찾을 수 있을까. 그 무엇으로도 보상받을 수 없다는 말이다. 이것은 자녀인 내가 부모인 그들에게 인정받고, 사랑받는 느낌을 받을 수 없을 때 자신을 이 세상에 필요하지 않은 존재로 느끼며 절망하는 것과 같은 이치이다. 그러므로 우리는 서로 이해하고, 사랑하며 인정하는 법을 배워 나가야 한다. 부모를 자녀인 내가 이해하기 시작한다는 것은 결국 나의 자아의 귀중한 한 부분을 어루만지고 이해하는 것이며, 부모와 내가 사랑과 이해를 기반으로 친교를 나누는 것은 세상에서 가장 풍요롭고 자유로운 나를 만들어 가는 것이 된다. 나는 가족의 일부분이기도 하지만 가족은 이미 내 자아의 일부분이기에 나와 가족이 단절되고서는 행복한 자아를 꿈꾸기는 힘들 것이다.

그러므로 부모와 자녀 사이에 바람직한 관계를 유지하려면 독립된 인격체로 상호존중해야 하고, 서로 갈등과 억압이 있다는 느낌이 들면 그 관계를 숙명적으로 여기지 말고 겸손한 자세로 자신의 감정을 솔직하게 드러내고 이해를 구해야 한다. 서로 다른 견해가 우리를 작게 만드는 문제가 되는 것이 아니고 서로 인정하지 않는 것이 우리들 문제의 핵심이다. 전부 동의할 수 없더라도 조금씩 타협해 나가는 것이 현명할 수 있다. 의사소통을 하는 사람은 자기의 견해가 타인이 이해할 수 있는 방식으로 전달될 수 있도록 배려

해야 할 의무가 있다. 그런 조건이 마련될 수 있도록 인내를 가지고 노력하는 것 자체가 벌써 훌륭한 의사소통이다.


**참고문헌**

• 박영신 외, 『한국의 청소년 문화와 부모관계』, 2009.

# 12장 인간과 자연

## 1. 자연은 인간에게 무엇인가?

2009년 모 방송사에서 「북극의 눈물」이라는 다큐멘터리 영화를 만들어 우리 지구의 생태계가 실제 어떻게 변화되고 있는지 북극곰과 북극에 사는 이누이트들이 받는 생존위협을 통해 생생하게 고발하였다. 동물과 인간이 유일하게 살 만한 공간인 지구가 지금 눈물을 흘리고 있다. 자연은 인간에게 무엇인가라는 질문을 던지지 않을 수 없다.

자연을 공간으로 인식한다면 그곳은 인간이 생명을 최초로 부여받은 곳이자 생명현상을 영위하는 곳이며 죽으면 다시 돌아가야 하는 곳이다. 자연은 인간의 인식에서 하나의 장소로 대상화될 뿐만 아니라 인간의 생명현상 자체이기도 하다. 대상화되지 않은 부분, 신비로 남아 있어 아직 물질적 대상이나 법칙 속에 알려져 있지 않은 비인지적 부분도 역시 자연이라고 부른다. 이렇게 넓은 의미로 자연을 이야기한다면 소위 자연을 파괴하는 인위적 행위도 자연의 법칙 속에서 이루어진다. 여기서 주제로 삼고자 하는 자연이란 생태적 환경을 말하는데 좀 더 엄밀히 말하자면 인간화된 자연이다. 시인과 예술인들의 감성으로 포착된 찬미 받은 자연, 혹은 신의 심판으로 그려진 자연이 그것이다. 자연은 가뭄과 홍수, 토네이도, 화마, 전염병과 같이 원시시대부터 인간을 위협하고 가끔 상상도 못할 정도로 가공할 천재지변을 가져오기도 한다. 인간의 역사를 자연 정복의 역사라고 부르는 것도 역시 인간화된 자연을 뜻한다. 원시인들의 자연에 대한 공포심, 자연에 의해 목숨을 빼앗긴 상황들을 떠올려 보면 충분히 이해할 수 있다. 자연의 지배를 오랜 세월을 두고 받아 온 인간은 이러한 도전을 통해 진화했고, 이성의 힘으로 이제 자연을 지배하고 있다고 생각한다. 자연과학은 한편 자연을 대상화, 기호화하여 산술적으로 계산하고 관찰하며, 설명될 수 있는 체계로 만들었고, 다른 한편 이를 통해 자연을 인간의 행복을 위한 수단이나 도구로 이용하는 것이 가능하도록 만들었다.

그러나 현대의 많은 자연과학자, 문명비평가, 그리고 환경보호 운동가들은 인간이 자연을 사물화하고 수탈한 그 업보의 대가를 치를 것이라는, 즉 자연이 언젠가 인간을 징벌할 것이라는 경고를 지속적으로 하고 있다. 독일의 사회철학자 아도르노(T. Adorno)는 그의 책 『계몽의 변증법』에서 인간이성이 어떻게 계몽되어 갔는지, 그리고 결국 계몽된 이성이 인간 스스로를 어떻게 소외와 상실로 이끄는지를 파헤치고 있다. 그는 이성의 계몽이란 인간의 지배를 심화하는 과정으로 이해하고 있다. 인간이성은 자연을 수단으로 삼고, 지배하는 것으로 그치지 않고 더 나아가 동료 인간들을 수단화하고 지배하는 집단주의 이데올로기를 창출하고 노예화하여, 인간의 자기분열로 나아가고 있다고 비판한다. '부정의 변증법'에서는 인간의 도구화된 이성을 매우 비관적으로 비판하고 있다. 그러나 지배하려는 인간 이성을 무엇으로 비판할 수 있을까? 이것 역시 이성이기 때문에 이성을 그저 도구적으로만 이해할 수는 없을 것이다. 독일의 사회학자 하버마스(J. Habermas)는 이성 안에서 의사소통적 이성을 새롭게 조명하였다. 하버마스는 인간은 이상적인 의사소통 구조를 만들고 시행해 나간다면, 평등하고 정의로운, 지배 없는 상호소통이 가능하게 되어 이를 통해 합의해 나갈 수 있고 진리에 점점 더 접근해 갈 수 있을 것이라는 낙관적인 전망을 내놓았다. 하버마스가 강조하는 평등하고 정의로운 이해지향적 의사소통 역시 인간이성의 자연본성에 합당한 것이기 때문이다.

이처럼 자연이란 대상화될 때에는 이성과 대립되는 듯이 보이면서도, 이성이 조화를 시도해야 하는 목적이 될 때에는 이성과 일치될 수 있다. 따라서 자연과 이성은 상호협력관계, 공생적 소통구조를 가지고 있어서 조화롭게 파악해야 할 필요가 있다. 인간은 자연의 어떤 측면을 이용하고 지배하면서도 여전히 자연의 도전을 받고 있으며, 자연을 이용하고 있다는 이성도 역시 자연의 일부이며 자연과의 조화를 모색하지 않는다면 결코 존립할 수 없는 것이다. 인간이 자연을 이용해 지배하려는 것은 자신의 개체적 생명을 안전하게 보존하기 위한 술책, 즉 더욱 건강하고, 오래 살며 부족함이 없이 풍요롭게 살려는 욕구 때문이다. 그러나 인간은 생명을 결코 소유할 수 없다. 소유할 수 없는 인간생명을 자연의 소유와 자연에 대한 지배의 양식으로 유지하고 부양하려는 것은 일견 그럴 수 있을 것 같지만 결코 가능하지 않다. 죽을 수밖에 없는 생명을 있는 그대로, 존재 그대로 영위하는 것이 생명의 본질에 더 합당하다. 인간의 생명은 궁극적으로 자연 생명력의 일부이기 때문에 자연이 생명력을 잃어 간다면 홀로 살아남을 수 없다. 개체적 생명 역시 죽으면 그 자연의 품으로 필연적으로 돌아가야 한다. 그리하여 개체적 생명현상에만 집착하여 환경 생태적 생명을 헤치는 모순을 범해서는 안 된다는 생각에 이른다. 자기만 살고 타인과 다른 개체의 생명, 더 나아가 자연을 죽이고, 결국 자기도 몰락하게 되는, 죽음의 악순환을 저질러서는 안 될 것이다. 대자연의 생명현상, 즉 자신을 무화하고, 모든 것의 밥이 되어 주고, 재료가 되며 터전이 되어 줌으로써 거시적으로 생명을 살리고 스스로 사는 원리를 인간은 터득해야 한다. 아무리 발버둥을 쳐 봐도 죽어야 할 존재라고 한다면 오래 살려고만 발버둥을 칠 것이 아니라 타자와 조화롭고 평화롭게 살며 '영원히 사는' 지혜를 터득해야 한다. 영원히 산다는 것은 생명을 오래 유지한다는 의미가 아니라 질적으로 다른 차원의 생명을 산다는 뜻이다. 타인에게 짐이 되고 반목과 미움을 생산하면서 오래 산다는 것은 무슨 의미가 있을까? 더 채워야 할 눈앞의 욕구와 집착 때문에 더 큰 가치를 잃어버리는 것은 아닐까? '자신을 살리려는 사람은 죽을 것이고, 진리를 위해 죽는 사람은 영원히 살 것'이라는 예수의 가르침은 이런 허망한 인간의 집착에 일침을 가하는 말씀이다. 소유의 양식에서 벗어나 모든 존재와 더불어 사는 존재의 양식으로 살 때 다른 개별 생명체와 함께 영원히 살게 될 것이다. 지구환경을 보존하기 위해 1972년 스웨덴 유엔인간환경회의(일명 스톡홀름회의)가 개최되었고, 그 후 많은 노력 끝에 20년이 지난 1992년 리우데자네이루에서 열린 유엔환경개발회의에서는 처음으로 '지속가능한 발전(sustainable development)' 개념을 세계적으로 공식화하였다. 이는 개체적 인간의 행복을 위한 개발의 한계를 자연의 영속적 존속이라는 관점하에 마련해야 한다는 선언이다. 자연의 영속적 존속이라는 것은 자연을 미래세대의 보금자리로 남겨두어야 한다는 정의 관념에 근거를 두고 있다.

## 2. 개발과 자연환경

과학계에서 기후변화를 예측하고 경고한 지 반세기가 지났지만 온실가스 배출량은 계속 증가하고 있다. 인구의 증가로 에너지의 95퍼센트를 석탄, 석유, 천연가스 등 지하에 매장된 화석연료에 의존하고 있다. 이들이 연소되면서 이산화탄소를 배출하는데 대기 중에 이산화탄소가 증가하면 적외선이 더욱 잘 흡수되어 기온이 올라간다. 기온상승으로 북극의 빙하가 녹으면, 빙토 아래에 액화된 메탄가스가 대기 중에 방출되고 메탄은 이산화탄소보다 20배 빛을

흡수하는 효과를 발휘하여 기온상승을 더욱 강화한다. 해수면이 상승하여 수증기가 증가하는 것도 온실효과를 점점 크게 하는 요인이 된다. 그리하여 기온상승은 기하급수적으로 증가 일로에 있다. 태평양의 섬들이 잠기게 되고, 자외선의 위협이 심화되고, 멸종하는 생명체가 증가하는 등 기후변화에 따른 부정적인 영향은 점점 더 심각해지고 있다. 기후변화는 몇몇 소수 국가만의 참여로는 해결할 수 없는 국제적인 문제이다. 미래세대에게 살기 좋은 생태환경을 남겨 주기 위해서 '지속가능한 발전'을 도모해야 한다는 당위성을 부정하는 사람은 없다. 문제는 정부와 개인들의 실천에 어떻게 직접 동기부여할 것인가이다. 1995년 유엔사회개발정상회담(코펜하겐회담)에서 100여 개의 국가 지도자들은 지속가능한 발전을 찬성했지만 선진 산업국가이든 개발도상국이든 환경파괴, 이민, 그리고 전쟁의 원인을 제거할 조처를 전격적으로 의무화하는 일에는 반대하였다. 그 후 35개 선진공업국들이 2012년까지 온실가스 방출량을 1990년 수준에서 5퍼센트 더 낮추도록 규정하는 교토의정서를 발효하였고(2005년), '지구 온도가 2도 이상 상승해서는 안 된다'고 결의한 코펜하겐 유엔기후회담(2009년) 등을 통해 현재 G8과 G20 국가의 정상들은 지속적으로 기후변화에 관한 보고를 받고 점검하고 있으며, 당면한 책임을 논의하고 있는 것은 다행스런 일이다. 기후변화에 민감하게 영향을 받아 홍수, 해수면 상승 등으로 피해를 입거나 기후변화에 적응을 하지 못하고 있는 가난한 이들, 소규모의 섬 국가들, 그리고 개발도상국가들에 대해 선진국들이 우선적으로

기후변화에 잘 적응할 수 있도록 보조하고 원조하는 일이 시급하다. 또한 개발도상국가나 저개발국가가 거대한 삼림 지역을 비롯한 생태환경을 훼손하지 않고, 이산화탄소를 적게 배출하며, 지속가능한 발전을 꾀할 수 있도록 이들 국가에 충분한 자원 및 특혜를 제공하는 일도 필요하다. 무엇보다 온실가스의 주범인 화석에너지를 적게 사용하면서 동시에 이를 대체할 수 있는 새로운 에너지를 자연과학자들이 개발하는 것도 중요한 과제가 아닐 수 없다.

그러나 국내외 정책이나 과학의 발전보다 더 근원적인 문제해결은 모든 지구인들의 의식의 변화와 삶의 실천적 변화이다. 17~18세기 자연과학의 발전과 산업혁명 이후 인류는 물질적 풍요를 삶의 최고 가치로 삼아 왔으며 산업발전과 개발은 이 물질적 풍요를 역사상 어느 시기보다도 더 성공적으로 실현시켜 주었다. 그러나 그 대신에 치러야 할 반대급부 역시 적지 않다. 물질주의적 가치관은 생태환경을 물화시키고 인간을 풍요와 쾌락의 수단으로 전락시키고, 남용하였다. 또한 생태환경을 황폐화하였고, 자원을 고갈시켰을 뿐 아니라, 국가 간, 지역 간, 개인 간의 빈부 격차를 심화시켰다. 급속한 물질만능주의는 경쟁과 효율의 극대화만을 추구하면서 공동체의 전통과 역사를 해체시키고, 공동체의 생활세계를 식민지로 전락시켰으며, 인간과 생명을 소외시켰다. '지속가능한 발전' 은 바로 이러한 기존의 경쟁을 중심으로 한 발전 모델에 대한 대안으로 제시된 이념이다. 생태계와 인류의 미래에 관한 문제는 개인 상호, 공동체와 국가 상호의 협력과 노력으로 해결해야 하는 사안이다. 그러나 현대인들이 이미 물질주의, 자본주의, 개인주의 이념하에서 경쟁적으로 자신의 이익을 극대화하는 경제적 질서 속에서 살고 있는데 미래세대의 복지를 생각하며 지속가능한 발전을 추구해야 한다는 것은 결코 쉬운 일이 아니다. 다국적 기업의 논리와 신자유주의가 정치, 경제, 사회, 문화, 교육 등 사회의 모든 면에 깊이 침투하고 있는 현실에서, 개도국과 저개발 국가는 물론 익명의 미래세대를 위한 지속가능한 발전은 단지 명분뿐이지 않을까?

지속가능한 발전을 위한 세계윤리를 제창하고 있는 신학자 한스 큉(Hans Küng)은 칸트철학에 기반을 두고 "순수이성은 지속가능한 발전에 대한 요청을 논증할 수 없다"고 주장한다. 순수이성은 미래세대에 대한 배려 요청 역시 논증할 수 없다. 이러한 요청의 원리를 정언명법으로 표현한다면 "우리는 다음 세대가 단지 우리보다 더 나쁜 상태에서 살지 않도록 해야 하는 것(지속)이 아니라, 그들이 더 나은 조건에서 살도록(배려) 해야 한다." 그런데 왜 그렇게 해야 하는지 물음이 제기된다. 이성은 이익에 복종한다. 그러나 윤리는 구체적인 상황에서 손익계산보다 더 큰 차원에서 다루어진다. 윤리는 타인을 의식하면서 무조건적이고 보편적인 자기의무를 목표로 하기 때문이다. 그러나 윤리학 역시 갈등이 없을 수는 없다. 윤리적 결정이 특히 종교적 깊은 신념으로부터 규정되는 경우에 자주 중대한 충돌이 불가피하다. 이러한 윤리적 요청을 근거 짓기 위한 토론은 곧 철학과 신학의 과제라 할 수 있다.

살기 좋은 생태계를 위한 윤리를 정립하기 위해서, 지상에 거주하는 인간으로서 우리는 어떤 기본적 조건 아래 생존할 수 있는가를 우선 질문해야 한다. 여기에 대한 입장은 크게 네 가지 정도로 분류해 생각해 볼 수 있다. 첫째, 생명중심의 이념에서 답하는 것이다. 즉 식물이나 동물뿐 아니라 기후체계와 생물학적 종들도 존재할 수 있는 권리를 부여하는 조건에서 살아야 한다는 입장이다. 둘째, '모든 것은 하나다' 라는 전일적 이념에서 출발한다. 이 이념은 무생물도 그 자체로 보호되어야 한다고 주장한다. 큉은 앞의 두 입장은 받아들일 수 없다고 주장한다. 왜냐하면 만일 모든 것이 보호할 가치가 있다고 한다면, 자연의 개발을 정당화할 수 있는 어떤 근거도 없게 된다. 이것은 고상한 이념이 될지 모르지만 불가능한 이념이다. 셋째로, 동물의 고통을 외면하고 생태계를 소홀히 하는 인간중심적 이념에서 출발할 수 있다. 이것은 이미 전통 안에서 점검하였고 그 결과를 우리가 잘 알기 때문에 수용할 만하지 않다는 점이 분명하다. 마지막으로 통합적 인간주의의 이념이다. 즉 우주적 맥락 안에 있는 인간주의로서 전통적으로 서구 그리스도교에서보다는 인도나 중국의 영성에서 더 강조되어 온 것이다. 자연에 대한 인간의 수탈적 지배 대신에 인간의 자연과의 교감이 여기서는 더 중요하다. 세계경제와 세계기후 문제에서 윤리적 행위의 기본적 목적과 기준이 무엇이어야 하는지는 세계정치에서 이미 분명해졌다. 즉 인간은 살 만한 생태계 안에서 존재해야 한다는 사실이다. 인류는 이제까지와는 다른 새로운 가능적 인간사회와 인간존엄에 상응하고 살 만한 생태계를 위해서 인간의 모든 가능성을 이용해야 한다. 인간성에 대한 실천할 수 있는 가능성은 현재의 상태보다 훨씬 더 크기 때문이다. 이런 점에서 우리는 한스 요나스가 현실원리로 강조한 "책임"과 에른스트 블로흐의 유토피아적 원리 "희망"을 결합시킬 수 있다. 인간은 단지 수단으로 다루어져서는 안 된다. 인간은 마지막 목적, 항상 목적과 기준으로 남아 있어야 한다. 금이나 자본, 노동, 경제, 기술, 그리고 산업은 수단이다. 이것들은 그 자체로 결코 가치중립적이지 않고, 생명을 영위할 만한 생태계에서 개인이든 종 전체로든 자신의 계발을 지향하는 인간에게 얼마나 봉사하는지에 따라 평가되어야 하고 이용될 수 있어야 한다. 오늘날 이에 대해서 적어도 이론적으로는 일치할 수 있다. 그러나 문제는 실천적 현실화이다. 모두가 원하지만 아무도 행하지 않는다.

각자에게 보상이 불가능하고, 미래세대는 익명으로 존재하며, 현대과학의 미래에 대한 예측이 불확실하기 때문에 미래에 대한 책임의 실현이 어려울 수밖에 없다. 미래윤리, 즉 다음 세대와 미래에 대한 장기적 책임을 어떻게 동기화할 것인가?

큉은 이러한 동기는 무엇보다 의식의 변화가 전제되어야 한다고 주장한다. 그에 따르면 한 개인의 현존하는 시간은 세대와 세대의 연결고리 안에 놓여 있다는 의식과 더불어, 비록 한정된 문화 그룹이겠지만 세대를 넘어선 공동체의 감정을 계발하는 것이 중요하다. 이러한 의식의 변화는 두 가지의 정서를 낳게 되는데, 선조들에 대한 감사함과 후세대에 대한 배려 의무를 인정하는 것이다. 이를 위해 신학과 철학 등의 인문학이 도움을 줄 수 있을 것이다. 큉은 미래세대에 대한 책임을 동기화하는 다른 두 가지 이론을 소개한다. 회페와 요나스의 이론이다. 오트프리트 회페(Otfried Höffe)는 생태학적 세계윤리를 위해서는 학문의 힘에 대한 환상과 지나친 두려움을 경계하고, 자율적 윤리에 의해 배제된 고전적 덕들의 재활용과 더 나아가 고전적 덕윤리학의 발전을 근본으로 삼아야 한다고 주장한다. 그는 새로운 생태학적 세계윤리의 주춧돌로 두 가지 구체적인 생태학적 덕들을 주장하는데, 하나는 학문의 오만함에 반대하는 침착함이고 다른 하나는 기술과 경제학적 합리성에 대한 무절제를 반대하는 사려 깊음이다. 회페에 의하면 이러한 요청은 법과 국가질서에 직접 작용하고 이 질서를 매개로 개인에게 작용하게 된다. 큉은 바로 여기에서 종교의 역할, 즉 이 요청을 개인에게 직접 전달하는 역할을 강조한다. 종교는 세대를 이어 주는 고리, 즉 과거를 돌이켜 보며 갖게 되는 감사의 차원과 미래를 바라보며 갖게 되는 기대와 배려의 차원을 창조한다고 그는 주장한다. 요나스의 "책임의 원칙"은 철학의 한계를 인정하는 데서부터 시작한다. 인간이 자살할 권리를 갖지 않는다는 것은 아마도 종교 없이는 결코 근거 지을 수 없다. 현존에 대한 인간의 절대적 의무는 철학만으로는 그 어떤 낯선 권리에도 근거 지을 수 없다. 그러나 현존을 부여하고 자신의 작품의 완성을 위탁한 피조물에 대한 창조주 신의 권리에는 근거 지을 수 있을 것이다.

## 3. 자연은 인간의 부모

앞에서 한스 큉이 생태환경의 윤리를 정초하는 데 통합적 인간주의의 이념을 제시했음을 언급하며 막연하나마 인도와 중국 전통의 인간과 자연의 조화사상을 예로 들었다. 여기서 나는 구체적인 동학사상에서 통합적 인간주의의 모델을 발전시켜 보고자 한다.

한민족의 근대성과 민족성에 대한 자각을 일으키며 발흥한 동학은 천지자연이 곧 인간의 부모임을 천명하고 있다. 동학의 2대 교주 해월 최시형은 '천지부모' 라는 그의 설법에서 "천지는 곧 부모요 부모는 곧 천지니, 천지부모는 일체니라. 부모의 포태가 곧 천지의 포태이니 지금 사람들은 다만 부모 포태의 이치만 알고 천지 포태의 이치와 기운을 알지 못하니라" 라고 개탄하면서 부모에게 효도하고 봉양하는 도로써 천지 역시 받들어야 한다고 가르친다. 생태계 파괴가 아직 세계적으로 문제가 되기 전이었던 100여 년 전에 동학은 천지부모를 그들의 근본 도로 선포하고 있다. 자연은 지혜의 교과서이다. 우리 부모가 나를 잉태하고 부양하며 교육시키고 독립시키듯이 자연은 인간에게 생명을 부여하고, 먹을 것을 주며 생명활동을 하는 터전이요, 휴식과 생기를 제공하는 에너지원이며 무한한 영감을 주는 신비체이다. 사실 전체로서의 자연은 인간에게만 부모인 것이 아니라 뭇 생명체의 부모라고 해야 한다. 전체로서의 자연과 개체로서의 자연인 모든 생명체와의 관계를 부모와 자녀의 관계로 보는 것은 해월의 독특한 영적 체험에서 나온 것이지만 그

의미하는 바는 보편적 진리를 담고 있다. 개체적 생명인 인간이 전체 생명인 자연을 겸손하게 대하고 부모처럼 공경하는 태도로 관계를 맺어야 인간의 정체성도 올바르게 확립될 것이라는 뜻이다.

해월은 더 나아가 '물물천 사사천(物物天 事事天)'이라는 가르침도 주었는데 모든 물질, 사물들, 사태와 일들도 모두 천(天), 즉 한울님이라고 했다. 그래서 물건과 사물, 작은 것을 대할 때 공경하는 마음과 감사하는 정으로 대하지 않고서는 결코 도를 통할 수 없다고 한다. 우리는 우선 우리가 먹고 마시는 타 생명체의 희생에 감사하는 마음을 가져야 한다. 우리가 취하는 거의 모든 것이 생명체와 자연의 자기희생이 없이 가능한 것은 없다. 다른 한편으로 이들을 취하는 데 적당해야 한다. 지나치면 결국 자기 몸이 망가지는 것은 물론 필요 이상의 살생, 필요 이상의 소비, 즉 생태계 파괴로 가고 말 것이다. 자연의 모든 부분에 한울님이 계시다는 해월의 가르침처럼 자연을 함부로 업신여기지 말아야 하고, 수탈하지 말며, 고통스럽게 해서도 안 될 것이다. 우리가 자연을 공경하고 사랑한다면 인류의 생태계는 다시 생명력을 회복해 갖가지 종들이 다시 풍부히 번식하고 공해가 사라져 인간의 삶의 여건은 더욱 부유해질 것이다.

해월은 자연을 부모 또는 한울님으로 인식하였는데 이는 서구 과학주의적 자연관과 대치되는 것이다. 과학주의적 자연관은 나-그것의 관계로 자연을 대상화하고 수단화와 도구화로 본 것이다. 결국 나-너의 인격적 관계마저 고갈되는 물질주의를 낳고 오로지 나-그것의 관계로 환원시키는 도구적 합리성이 인간을 지배하게 되었다. 자본주의의 경쟁과 이기심의 무비판적 추종은 인간을 도구화하고, 전쟁 또는 경쟁의 수단으로 삼으면서 욕구를 무한대로 추구하는 파괴적인 문화를 만들었다. 많은 사람들이 소외되고 우울증과 자기분열증에 시달리고 자살 충동을 느끼기도 한다. 해월은 물질, 사물, 자연마저도 부모로, 즉 나-너의 관계로 더 나아가 공경할 한울님으로 인식해야 한다고 주장한다. 그는 자신의 욕구를 추구하는 대신 절제의 덕으로 한울님의 마음을 키우는 양천주(養天主: 신성을 더욱 키워감)를 수양의 길로 제시하고 있다. 그에 따르면, 양천주, 즉 한울님의 생명을 내 안에 키우려면 교만, 겉치레, 사치, 그리고 물욕을 버리고 말이 행동에 일치하여 어긋나지 않도록 노력하여야 한다. 그는 세 가지 공경을 제시하고 있는데(삼경사상), 첫째는 경천(敬天)이요, 둘째는 경인(敬人)이며, 셋째는 경물(敬物)이다. 그러나 그가 강조하는 것은 물을 공경함에까지 이르러야 비로소 인간은 천지기화의 덕에 합일하여 한울님을 진정으로 모실 수 있게 된다는 것이다.

### 참고문헌


- O. Höffe, Bausteine für ein ökologisches Weltethos, in: *Eine Welt-eine Moral?: eine kontroverse Debatte*, 1997.
- H. Küng, *Weltethos für Weltpolitik und Weltwirtschaft*, 1997.
- 최시형, 「해월신사법설」, in: 『천도교 경전』, 1998.

# 4부

# 자아실현과 자기완성

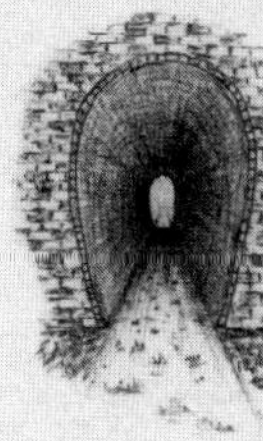

참 오래 걸렸다.
길고, 어둡고
지겨운 시간들
지나고 보니
"그랬구나"
"그랬었구나"
말밖에
지나고 보니…

# 13장 직업과 노동*

## 1. 노동의 의의

"새는 노래하고 인간은 일을 한다."

이 격언은 언뜻 새는 노래하는 것이 인간은 일을 하는 것이 각각의 본질적 행동이라는 표현으로 들린다. 그러나 곰곰이 생각하여 보면 여기서 새와 인간에게 각각 적용한 "노래"나 "일"은 인간에게만 해당되는, 인간학적 관념들이다. 새가 무언가 소리를 내는 것이 인간이 생각하는 것처럼 그저 한가롭게 노래하고 있는 것인지는 알 수 없는 일이다. 이 격언에는 오히려 인간 삶에서 노래와 일, 휴식과 노동, 그리고 자연과 인간의 상관관계가 담겨 있다. 일반적으로 인간이 자신의 지성과 육체를 활용하여 자연 또는 이미 주어진 것

* 이 글은 졸고 「인간은 노동을 통하여 자신을 실현하는가?」라는 제목으로 『철학연구』에 발표한 글 대부분을 사용하였음.

을 변형하여 가치를 창출하는 활동을 "노동", 또는 "일"이라 부른다. 노동은 그 행위의 결과로 창출되는 것 때문에 가치가 있다. 행위의 결과 때문에 동기화되지 않고, 행위 그 자체를 목적으로 삼는 휴식, 여가활동, 명상이나 관상과 같은 종교행위는 노동 또는 일과 구별된다. 이 구별에 따르면 이 격언에서 '노래'와 '일'은 행위 그 자체가 목적인지 아니면 행위와 다른 목적을 위한 수단으로서의 행위인지를 은유적으로 구별한 인간 삶의 두 영역이라 할 수 있다. 연예인이나 운동선수, 예술가들이 자기가 행하는 행위를 그 자체로 즐기면서 동시에 그것을 통해 다른 경제적 문화적 예술적 가치를 창출하는 것을 목적으로 삼는다면 그것은 노동으로 보아야 할 것이다. 그러나 주말에 자연을 즐기면서 동시에 생산도 목적으로 노동하는 주말농장, 각종 자원봉사와 같은 일은 엄밀하게 여가(노래) 또는 노동으로 잘라 말하기 어렵고, 그 중간에 놓여 있다고 할 수 있다. 아리스토텔레스의 윤리학에 따른 광의의 노동은 형상(아이디어)을 위해 사물들을 사용하며 가치를 창출하는 활동, 즉 정치나 윤리학과 같은 실천적 활동(praxis: work)과 질료를 그 성질에 따라 변형하여 사람의 목적에 맞게 제작하는 활동(poiesis: labour)을 포괄하는 의미이다.

노동은 그 어떤 경우에도 지성과 의지 그리고 육체성이 종합적으로 작용하여 새로운 가치를 창출하려는 의도된 행위이기에 인격적 행위이며, 따라서 인간은 이를 통해 자신의 생명을 유지하고 가족을 부양하는 재화를 얻음과 동시에, 윤리적이고 사회적인 자아를 드러내고 계발한다는 의미에서 자신의 존재를 실현한다고 할 수 있다. 또한 노동은 세상을 다스리고, 질서 지으며, 유익한 가치를 생산하는 창조적 행위임과 동시에 여가나 휴식, 수동적 관상과 달리 노력하고 애써야 하는 등 심신의 고통이 수반되는 행위이다. 따라서 이런 의미에서 노동은 인간에게만 고유한 것이고(신은 노동할 필요가 없고, 동물은 노동할 수 없기에), 인간은 노동에 수반되는 고통과 애씀을 통해 비로소 자신의 한계를 체험하고 가치세계에 눈을 뜨며 자기 자신을 성취해 간다고 말할 수 있다. 노동이야말로 인간의 한계와 가능성을 동시에 내포하는 인간의 본질을 가장 잘 표현하는 것이라 할 수 있다.

인간은 일반적으로 태어나서 죽을 때까지 인격의 성숙, 즉 행동발달과업에 따른 성장과, 자기의 적성과 능력에 따라 선택하는 인생 계획의 성취, 가족과 사회의 관계에서 발생하는 공동체적 연대와 책임의 증신 등의 고유한 자기본성의 계발과 개화로 자신을 완성해 간다. 인간이 자연은 물론 가족, 사회, 인류로 이루어지는 자기 밖의 세계와의 관계를 통해, 그리고 자신의 자유와 책임의 표현인 실천 안에서 완성되어 간다면 인간의 노동 역시 이런 여러 차원에서 해석되어야 한다. 따라서 노동의 본질적 의미를 알아보기 위해서는 인간의 노동의 내적 구성요소와 외적인 환경조건, 그리고 그 결과가 사회경제적 측면뿐만 아니라 자연과 문화적 측면에서 어떤 가치를 지니고 있는지, 그리고 그것이 인간의 자기완성과 어떤 관계가 있는지 종합적으로 조명할 필요가 있다.

사실 노동 또는 일에 대한 관념은 역사적으로, 문화적으로, 종교적으로 서로 다른 관점들에 의해 발전되어 왔다. 플라톤은 통치자, 수호자, 생산자 등 사회적 계층에 따라 노동이 달라야 한다는 노동분업을 강조하였다. 아리스토텔레스는 포괄적인 인간의 노동에 대해 이야기하면서 진리를 관상하는 행위를 최고의 활동(이것을 광의의 정신노동으로 볼 수 있을 것이다)으로 보았다. 그리스도교에서는 예수가 목수의 아들이었고, 목수였다는 사실을 받아들이고 육체노동의 가치를 강조한다. 토마스 아퀴나스는 인간은 몸을 보호하는 모피나 날카로운 발톱을 가지고 있지 않지만 손과 이성을 이용하여 연장과 도구를 만들어 노동하는 존재로 보았다. 유대 그리스도교 전통에서는 창세기의 실낙원 사건에 근거하여 노동을 죄의 대가, 즉 벌로 여기는 경향이 있다. 동시에 칼뱅과 루터가 강조하였듯이 일과 노동을 종교적 가치를 부여받은 '소명(vocatio)'으로 여기는 전통도 있다. 칼 마르크스는 그의 가치이론에서 투입된 육체노동량이 가치를 결정한다고 보아 자본가들의 정신노동은 염두에 두지 않았다. 이상적 공산사회에서는 인간이 능력에 따라 일을 하고 필요에 따라 재화를 분배받는다고 주장한다. 실용주의 교육학을 창시한 존 듀이(John Dewey)는 정신의 구성적, 창조적 힘을 증진하고 가르치기 위해서 책에서만 배우는 것을 지양하고 실재세계에 적극적으로, 육체적으로 투신을 해야 한다고 주장한다. 현대 실용주의는 인간의 정신성과 육체성을 일치시키려는 시도를 하고 있다. 즉 인간은 노동하는 존재(Homo faber)이면서 동시에 이성적 존재

(Homo sapiens)로서 인격은 양자가 역동적으로 구성되어 있는 개체이다.

우리 대한민국의 역사와 문화 안에서도 산업화와 세계화 과정에서 민중운동과 크고 작은 사건, 공론을 통해 노동의 의미들을 축적해 왔다. 노동의 역사는 민족흥망의 역사요, 민중들의 애환의 역사이다. 아래에서는 19세기 말 한반도를 둘러싼 강대국의 침략전쟁으로 도탄에 빠진 상황에서 동양의 새로운 응답으로 창시된 동학의 노동관을 살피면서 노동의 영성적 의미를 파악한다. 또 산업화가 본격적으로 진행된 1970년에 자본과 노동의 대립을 극적으로 보여준 전태일 씨의 분신자살 사건을 통해 노동의 소외현상을 성찰한다. 한국이 세계화를 외치며 경제협력개발기구(OECD)에 가입하고(1993년) 얼마 되지 않아 갑자기 몰아닥친 1997년의 통화위기 사태를 통해 신자유주의적 세계화가 노동에 어떤 영향을 주었는지도 살펴야 한다. 끝으로 인구가 감소하여 이주노동이 없이는 지탱할 수 없는 시대에 이주노동을 어떻게 해석해야 할지도 고민해 본다. 이와 같은 성찰은 사회학, 경제학, 법학 등 사회과학적 맥락에서 정교하게 다루어지는 것이 기초일 터인데 여기서는 인간학이나 사회철학적 관점으로 국한한다.

## 2. 노동의 영성적 의미

1885년 해월 최시형이 피난 중에 청주에 사는 한 동학신도, 서

택순의 집을 방문했을 때, 집 안에서 베틀 짜는 소리가 새어 나오고 있었다. 그는 열심히 일하는 사람을 보면 기뻐했던 터라, "저것은 누가 베를 짜는 소리인가?"라고 물었다. 그 신도는 "저의 며느리가 베를 짭니다"라고 답했다. 해월이 또다시, "베 짜는 것이 참으로 며느리가 짜는 것인가"라고 정색을 하고 물으니 그 신도는 어리둥절하기만 하였다. 스승의 뜻을 못 알아듣고 황망해하는 신도에게 해월은 "저분이 곧 강림하신 한울님이시네"라고 가르쳤다.

'한울님이 거기서 소리를 내며 열심히 일을 하고 있다.' 이 이야기를 동학의 관점으로 이해하자면, 신과 인간, 그 밖의 모든 삼라만상은 유일하고 무한히 큰 혼원일기(渾元一氣)에서 나왔고, 정신적이든 물질적이든 모든 존재자들은 다만 지기(至氣)의 서로 다른 모습에 불과하다. 지기, 즉 신령스런 근원적 기운은 자연의 변화와 인간의 노동 안에서 스스로 운동한다. 해월에 따르면 한울님은 쉼 없이 일을 하기 때문에(우주와 생태계의 운행을 보라) 인간도 자기 자신의 발전은 물론 우주의 총체적 진보를 위해 공을 세우는 가운데 한울님을 따라야 한다. 인간이 자신의 행위를 통해 한울님의 의지에 합치되는지 혹은 그것에 배치되는지에 대한 기준은 마음과 기운이 이치에 합하여 조화롭게 전개되는지, 혹은 마음이 감정에 흘러 너그럽지 못하고 좁아, 군색하게 발전되는지에 달려 있다. 우리가 어떤 것을 행하면서 마음의 움직임이 양천주의 방향으로 가고 있음을 느낀다면, 인간의 이 행위는 곧 기화(氣化), 한울님의 창조요 한울님의 일이라고 해월은 가르친다. 즉 인간의 노동이란 한편으로 인간이 행위를 통해 신성을 증대시키는, 인간의 종교적인 행위요, 다른 한편으로 신 자신이 인간을 통해 기화하는 창조적 자기 행위이다.

이렇게 노동을 이해한다면 노동의 결과물은 노동의 계기에 불과한 노동하는 당사자만을 위해 존재하지 않고 모든 이에게 분배되어야 한다. 마치 한 그루의 나무가 자기 자신의 공로와 본성에 따라 열매를 맺지만 열매는 나무 자신만을 위해서가 아니라 모든 생물에게 유익하게 쓰이듯이, 인간의 노동에 의해 생긴 생산물도 동료 인간은 물론 모든 생명체의 유익을 위해 쓰여야 한다. 식물이든 인간이든 모든 종(種)의 열매가 생성되는 전 과정, 종이 생존을 위해 필요한 환경과 성장의 조건들을 우리가 상세히 관찰한다면, 이 열매는 한 개체만의 수고의 결과가 아니라 유기체, 비유기체적인 상호작용의 총합임을 알게 된다. 요컨대 동학에 따르자면, '나의 노동으로 거둔 것이니 나에게 속한다'라고 말해서는 안 된다. 해월이 모든 지식을 꿰뚫은 진리가 한 그릇의 밥에 있다(萬事知食一碗)고 말한 것은 우선 인간이 신과의 관계에서 한 그릇의 밥이라도 감사하는 마음으로 먹을 줄 앎으로써 신을 섬긴다는 것을 의미한다고 해석할 수 있다. 이는 또한 동료 인간과의 관계에서 한 그릇의 밥, 즉 자신의 노동과 신의 은혜로 얻은 결과물을 동료 인간들과 나누어야 한다는 것도 의미한다.

해월에게 인간의 노동은 육체와 이성과 관련 있을 뿐 아니라, 더 나아가 종교적 자기초월, 즉 인간의 자기실현과도 관련되어 있다. 인간은 노동 안에서 노동을 통해 신성을 증가시키고, 그것을 모든 만물과 나누면서 스스로 신성과 합일된다. 해월이 당시에 말한 노동은 고도의 산업화와 자본주의 체제에서 나타나고 있는 자본과 노동의 대립, 그리고 그에 따른 인간소외현상을 심각하게 경험하지 못한 19세기 말 한국의 농경 사회를 배경으로 나타난 인간 활동에 대한 우주론적인 성찰이라 평가할 수 있다. 그러나 해월과 같이 영성적 의미, 즉 개체적 인간의 자기완성이라는 차원에서 노동을 살펴야 노동의 본질적 의미를 규명하고, 노동의 존엄성을 근거 지을 수 있다.

### 3. 한국의 자본주의의 발달과 노동의 소외

한국은 일본의 식민주의적 수탈과 의존상황, 한국전쟁의 결과로 야기된 자립경제의 파괴상황을 극복하기 위해서, 1962년부터 '국가의 근대화'를 위한 수차례의 5년 간격의 계획경제 정책을 시행하였고, 그로부터 30년 동안 연평균 경제성장률 8.8퍼센트를 기록하면서 국민총생산량이 세계 10위권에 이르는 신흥 산업국가로 급성장하였다. 이러한 한국의 급성장의 이면에는 특히 육체노동자들의 희생과 인내의 노동들이 있었다. 한국에서 고도로 경제가 성장하고 수출액이 커지면 커질수록 그에 따른 사회변화와 부작용도 그만큼 커 갔는데, 100년 전에 해월이 이야기한 노동관으로는 현실을 더 이상 이해할 수도, 해결할 수도 없는 상황이 다가왔다. 자본가는 자본의 최대이익만을 도모하고 노동과 노동자의 인격성을 침해함으로써 자본과 노동이 대립하고 노동의 물화와 소외현상은 첨예해져 갔다.

1970년 10월 7일 어느 일간신문에 보도된 한 사건은 산업자본주의 체제 아래에서 노동과 노동자의 소외가 얼마가 커 가고 있는지를 적나라하게 드러내고 있다.

"작업환경 개선을 위해 투쟁하던 종업원이 당국과 업주의 불성실한 태도에 반발, 분신자살했다. 13일 하오 1시 30분께, 서울 중구 청계천 6가 피복제조상인 동화시장 종업원 전태일씨가 작업장 안의 시설개선을 요구하는 농성을 벌이려다, 출동한 경찰에 의해 제지당하자 온몸에 석유를 뿌리고 분신자살을 기도, 메디컬 센터를 거쳐 성모병원에 옮겨졌으나 이날 밤 10씨께 끝내 숨졌다." 청년 노동자 전태일은 근로기준법을 무시하고 자신과 동료에게 하루 14-15시간의, 비좁고 열악한 작업환경에서의 노동을 강요한 피복 제조업자들을 노동청에 고발하였지만, 노동청은 물론 이 절규를 들어줄 어떤 곳도 발견하지 못하자 자신들의 비인간적 노동환경과 비참한 삶을 고발하기 위해서 '우리는 기계가 아니다' '근로기준법을 준수하라'고 외치며 결국 자살을 감행한 것이다. 그는 자신의 죽음을 가벼이 잊지 말고 반드시 이 노동자들의 억울함이 해소되도록 진력해 주기를 친구와 가족들에게 호소하면서 숨을 거두었다.

인간의 노동은 비인격적인 원자재나 생산설비와 달리 존엄한 인격의 활동이기 때문에 인격에 합당한 조건과 환경을 필요로 한다. 임마누엘 칸트는 이성적 존재인 인간은 순수한 선의지의 주체이기 때문에 그 자체로 목적인 인격이라고 한다. 이런 맥락에서 노동의 인격성이 보장된 조건과 환경이라야 자발성에 기초한 노동의 효율성과 창조성이 보장된다.

칼 마르크스는 노동과 노동자들에 대한 자본가들의 부당한 태도를 고발하기 위하여 노동의 물화와 소외 개념을 연구하였다. 그는 『경제학 · 철학 초고』에서 노동자는 노동생산물로부터(생산물은 노동자와 무관한 권력으로 나타나기에), 노동의 본질로부터(노동이 자본가에게 의존되어 있고 자본가를 위해서 행해지기 때문에), 유적 존재(類的存在: Gattungswesen)로부터(인간존재로서의 역할을 못하므로), 마지막으로 개별적 타인에게서마저(타인의 행복을 자신의 불행으로 느끼는 인간성의 도착 때문에) 소외될 수 있음을 밝히고 있다. 마르크스가 주목하는 것은 인간의 사회적 실천인 노동이 인간의 '자기활동성'을 완전히 상실하고 있고, 결국 타율적인 것이 되고 말았다는 점이다. 사적 소유와 재화의 공동사용이 조화롭게 제도화되지 못하면 노동의 소외현상과 이에 따른 계급갈등은 언제든지 발생할 수 있음을 역사는 보여 주고 있다. 이 역사는 자본이든 계급 이데올로기든 그 이면에는 항상 궁극적으로 인간이 있고, 인간은 의사소통을 바탕으로 경쟁과 연대를 통해 좀 더 자신의 존엄성에 합당하게 자신의 세계를 창조할 능력을 포기하고 있지 않음을 동시에 보여 준다.

## 4. 신자유주의적 세계화와 노동

세계화는 이제 모든 영역에서 세계현상을 구성하는 주요 요인이 되었다. 세계화는 종합적인 과정으로서 무엇보다 상호작용 안에서 관찰해야만 하는 경제, 사회문화적, 정치적 관점들이 포함되어 있다. 세계화 시대에는 국가와 정부의 전략과 역할은 이제 자국 내의 경제활동 활성화보다는 자국경제의 세계경제로의 통합과 소통에 더 중점을 두게 된다. 그런데 자유화, 규제 완화, 노동시장의 유연화 정책을 핵심으로 여기는 현재의 신자유주의적 세계화는 국가 내의 재벌과 정부 관료들에겐 더욱 큰 이득을 주는 반면, 이 정책의 불가피한 결과인 실업과 고용불안, 노동조건의 악화는 고스란히 서민 노동자들에게 부담시켜 양극화 현상이 더욱 뚜렷하게 나타나고 있다. 최근 10년 동안 최상위와 최하위 계층의 소득 격차가 꾸준히 벌어져서 2010년 현재 경제협력개발기구(OECD) 회원국 국가 중 미국 다음으로 심하다는 보고가 있고, 청년 실업률이 사회적 문제로 이슈화되고 있는 현실이 이를 뒷받침한다.

1997년에 동아시아에 불어닥친 경제위기라는 태풍은, 현대의 세계화가 한 국가 국민의 노동가치에 어떻게 작용하는지 극적으로 보여 주면서, 동시에 피할 수 없는 세계화를 어떻게 발전시켜 가야 할 것인지에 대한 과제를 던져 주었다. 1997년 여름, 거침없이 성장했던 소위 아시아의 호랑이들, 태국, 인도네시아, 한국에서 자국 회사의 주식가치가 폭락하기 시작하였다. 위기를 느낀 국내 은행들이 회사와 주주들에게 더 이상 신용거래를 할 수 없음을 통지하게 되었고, 이로써 국가경제는 파산의 파도에 휩쓸려 다량의 노동자 해고와 회사들의 연쇄 도산으로 이어졌다. 이때 한국인들은 역사상 처음으로 전 국민이 충격의 소용돌이에 휩싸여 끝을 알 수 없는 경제공황에 떨어야 했다. 11월 초에 미화 1달러당 800원이었던 통화가치가 12월 중순에는 1,890원으로 하락하여, 국가와 국민의 가치도 통화처럼 갑작스럽게 하락된 듯 자괴심과 위기감을 느끼지 않을 수 없었다. 한국의 경제와 재정통치권은 국제통화기금(IMF)의 경제 안정화와 구조조정 프로그램 이행이라는 감시하에 맡겨지고, 이 조건으로 총 600억 달러라는 국제구제금융 기금이 투여되면서 통화 하락은 정지되었다. 이로써 정부는 사실상 신탁통치를 받게 된 셈이었다. 거품으로 상징화되는 경상수지 적자를 줄이기 위해 재정 및 통화긴축은 불가피해지고 이로써 경쟁력이 없는 금융기관이나 기업은 도산하게 되어 대량 실직자가 속출하고 노동시장의 유연성 제고를 위해 정리해고제가 도입되었다. 10퍼센트에 이르는 실업률 상승, 절반으로 줄어든 실질임금, 물가의 상승, 이혼율과 자살률 증가 등 가족과 사회의 고통은 특별히 노동자에게 더 전가되었다.

도대체 무엇이 한 국가를 마치 전쟁상황처럼 비참한 위기상황으로 몰고 갔는가? 이 질문에 정확히 대답하기 위해서 당사국의 내부차원과 세계차원의 거시, 미시 경제적 요소와 정치적 요소들을 연구해야 할 것이다. 그러나 우리가 지난 20세기에 그러한 공황을 겪은 나라들, 즉 영국, 브라질, 러시아, 멕시코, 그리고 아시아의 국가들을 하나씩 관찰하여 보면 그 위기의 공통된 이유가 경제협력개발기구(OECD)와 세계무역기구(WTO)로 상징된 신자유주의적 세계경제 체제에 있다는 것을 알 수 있다. 자본의 흐름이 자유로워진 이후 외환위기는 주기적으로 발생해 왔고, 아시아의 위기는 그 연장선에 있었으며 따라서 이에는 해당 국가의 고유한 내적 원인도 있겠지만 자본의 자유로운 이동, 특히 국제 투기자본인 헤지펀드의 썰물현상이 직접적인 원인이었음을 알 수 있다. 국제통화기금(IMF) 체제 이후 한국의 노동시장에서 두드러지게 나타나는 현상은 정규직 근로자 비중이 줄고, 유기계약 근로자와 시간제 근로자, 일용대기 근로자 등 비정규 근로자는 급증하여 대략 50퍼센트 대 50퍼센트 상태가 계속 유지되고 있다. 비정규직 근로자의 임금은 정규직과 비교할 때 점차 감소하고 있고(현재 절반 수준), 임금 인상폭이나, 각종 보험 혜택에서도 심각할 정도의 차이를 나타내고 있다. 이것으로 신자유주의적 세계화가 소득 양극화를 심화하고 이에 따른 교육비 차이로 자녀들에게도 소득 격차를 대물림하는 직접적인 원인임을 알 수 있다.

큰 맥락에서 말하자면 자유무역과 자본의 유동성 증가라는 특징을 지니고 있는 현행 신자유주의적 세계화는 생산자원의 접근성을 증대하는 장점이 있지만 소득의 양극화, 예측불허의 금융위기와 이로 말미암은 생존의 안정성 파괴라는 반인권적 위험이 잠재되어 있다. 금융 경제는 노동가치를 기반으로 하는 실제경제에 도움을 주고 민족과 인류 공동체의 발전에 기여해야 할 역할을 벗어나, 자본가나 강대국의 이득을 극대화하기 위하여 약소국이나 발전이 지연된 나라들에게 금융 불안을 주고 실제경제에 부정적 결과를 끼칠 수 있는 가능성을 갖고 있다. 신자유주의적 경제주의는 2008년 미국의 서브프라임 모기지 사태에서 시작하여 전 세계적으로 확산된 경제위기를 낳았다. 한순간에 인간의 노동권과 노동을 통한 자아실현이라는 기본인권을 크게 손상시키는 사례를 수없이 보아 왔다. 따라서 보편적 가치인 인간존엄과 인간의 전인적 발전을 위협하는 시장 만능의 신자유주의적 경제체제는 국제사회와 국가사회의 책임 있는 정치적 담론들을 통해 조정되고 견제되어야 한다.

## 5. 이주노동과 인종차별

2008년 현재 이주노동자는 60만 명, 이 중 불법노동자는 절반가량으로 추산하고 있다. 정부가 2007년부터 산업연수생제도를 폐지하고 고용허가제로 외국인 도입정책을 일원화했지만 여전히 많은 수가 불법노동자로 남아 있다는 것은 이 제도가 아직 정착되지 않았다는 표징이고, 제도 정착을 위해서는 현실에 맞는 지속적인 개선이 필요하다고 판단된다. 지역에 따라 인구, 경작 효율성 혹은 생산성, 천연자원, 문화자원 등이 다르기 때문에 국가와 민족 간에 이들 자원, 자본, 인간들의 이동을 적절하게 교환하여 서로 협력할 필요가 있다.

이주노동과 관련하여 우선 살펴야 할 문제점은 노동이주의 자유에 관한 것이다. 현재의 세계화의 흐름을 살펴보면 자본과 자본가들이 무제한으로 최대의 이익을 추구할 수 있도록 국경을 쉴 새 없이 넘나드는 반면, 노동자들은 자유로운 이동이 제한될 뿐만 아니라 이주노동을 위해서 상당한 비용을 지출해야 한다. 자본은 국적 없이 환영받으나 노동과 노동하는 주체인 인간은 국경을 넘는데 허가와 비용이 필요한 셈이다. 그런데 현실을 넘어 한 인간 자체를 생각해 본다면 그는 특정한 정치문제 공동체의 시민이라는 지위 이전에 세계 공동체의 일원으로서 국가 내에서의 이주의 자유뿐 아니라 가족의 생존을 위해 일자리를 찾아 이동하는, 이주의 자유를 자연법적으로 갖는다. 그러나 국가는 현실적으로 자국민의 노동권 보호와 복지책임 때문에 자국으로의 외국인 이주노동을 무제한적으로 허용할 수 없고, 다만 자국 기업에 인력의 원활한 공급이라는 목적 범위 안에서만 허락할 수 있는 주권을 갖는다. 이것은 자연법적인 이주의 권리에 모순되는 것이 아니다. 권리의 실행은 현실적으로 역사적 발전과정 안에서 일정 정도 제한될 수밖에 없는 것으로 보아야 하며, 이 또한 역시 자연법적으로 타당하다 할 수 있다. 그러나 인권과 주권의 이 긴장 속에서도 그것이 실정법적으로 '불법노동'으로 불릴지라도 인간의 노동은 자연법적인 노동권에 의해 행해지고 있다는 사실은 그보다 훨씬 더 본질적이다. 이주노동의 두 번째 문제점은 이주노동자들이 국내 노동자들과 비교할 때 노동조건과 임금 측면에서 차별을 받는다는 점이다. 타국으로 송출된 노동은 허락된 기간이 한정되어 있어서 이동한 사회에서 불법노동이라는 이름으로 인권을 유린당하고, 노동을 착취당하는 상황으로 쉽게 빠져든다. 자신의 문화와 전통이 있는 고향과 공동체를 떠나 이주노동을 한다는 것은 사실 상실과 희생을 의미한다. 그럼에도 필요악으로 일자리를 찾아 이주하는 이들의 처절한 상황과 이주를 받아야 하는 국가의 노동력 확보의 필요성을 고려한다면 이주노동자라도 그 국가에서의 생산활동을 자국민과 똑같이 하고 있는 이상 동일한 노동조건과 임금이 보장되어야 한다. 국제노동기구(ILO)와 한국의 근로기준법에서도 인정하고 있는바, 노동의 가치는 동일한 기준에 의해서 평가되어야 하고 국적이나 종교, 인종에 따라 달리 평가되어서는 안 되며, 이주노동자들이 처한 '절박한 처지'를 착취에 이용해서는 안 된다. 자국 내의 기업들은 이주노동자들의 착취노동을 기반으로 연명하기보다 내국인과 동일한 조건으로 대우함으로써 양질의 노동력 확보는 물론 기업 경쟁력도 키울 수 있다. 이주노동자들이 안정된 생활을 할 때 국내 노동자는 더 나은 생활을 하게 된다는 것은 당연하다. 국내 노동조합 역시 새로운 국제적 노동환경을 고려할 때 노사협의에서 이주노동자들의 최저임금과 노동조건도 의제로 삼아 이들이 비열한 방식으로 착취당하는 것을 막는 데 연대할 과제를 갖는다.

한국의 근대화와 세계화 과정의 경험에서 얻은 노동의 본질에 관해 이제까지 살펴본 사항들을 요약한다면 다음과 같다:

첫째, 인간의 노동은 인간적 행위이고, 인간의 전인적 활동이므로 단지 사회경제적 차원에서 그 가치를 평가할 것이 아니라 진리추구와 윤리적 행위 그리고 종교적 소명을 실현하는 차원에서도 이루어져야 한다. 인간은 노동을 통해 생명을 보존하는 수단을 얻을 뿐만 아니라 자신을 완성해 가는 중요한 활동을 하는 것이므로 노동권은 인권의 핵심 내용이라 할 수 있다.

둘째, 자본주의적 모순이라 할 노동과 자본의 대립, 그리고 그에 따른 노동소외 문제는 자본과 노동의 양자택일로서가 아니라 양자의 주인인 인간을 우위에 둔 원리를 기반으로 "사회정의" 이념으로 해소해야 한다. 한 사회 안에서 노동의 대가로 정의로운 분배에 참여할 수 있는 노동하는 성원이라야 그 사회에서 자발적이고 창조적으로 일할 수 있고 노동을 통해 책임 있게 기여할 것이다.

셋째, 어떤 규제 없이 자본이 시장의 원리에 따라 자유롭게 이동하면 최선의 방식으로 자본과 재화가 가장 필요한 곳으로 유입되어 세계를 최선의 방식으로 발진시킬 것이라는 신자유주의적 신화는 감당할 수 없는 국가 운명의 위기와 빈곤계층의 생존위협은 물론, 자원의 고갈과 생태계의 파괴를 가속화할 수 있다. 신자유주의적 세계화에 맞서 노동권의 안정성과 노동을 통한 자아실현을 보장하기 위한 제도적 해결책을 마련해야 한다.

넷째, 자본과 자원, 노동의 유동성이 점점 커지고 있는 상황에서 이주노동자에 대한 노동착취의 심각성을 인식하고 내국인과 동일한 조건에서 노동의 가치가 평가되도록 명령한 국내 및 국제 규정들이 준수되어야 한다. 노동행위의 가치는 노동자의 탄생지와 무관하고, 오히려 노동행위가 진행되는 장소가 중요하기에 노동가치의 평등, 즉 노동의 속지주의적 보호는 마땅하다.

현재 우리가 안고 있는 지구온난화와 생태계의 파괴, 자원의 고갈, 생물 종의 감소, 기아와 질병으로 고통받는 지역 등 많은 문제들은 지상의 재화를 정당하고 효율적으로 나누는 정의 문제와 연결되어 있고 문제 발생과 그 해결에 있어서 세계적 차원의 성격을 띤다. 따라서 전쟁과 혼란 없이 지상의 재화를 함께 나누면서 국가와 지역을 발전시키기 위해서는 인류 공동체라는 이름으로 인류 모두의 공동 비전을 향해 논의하고 실천해야 한다. 이를 위해서 상응하는 국제기구와 제도, 국제협약과 조약 등은 매우 중요하며, 이들의 목적을 실현하기 위해 국가 간은 물론 엔지오(NGO) 간의 협력과 감시활동이 상시적으로 이루어져야 한다. 특히 세계화 시대의 노동이 자본에 대하여 우위를 확보하기 위해서는 세계적 차원의 노동조합연합과 같은 틀에서 다국적 기업의 위협과 악성 유동성 자본의 교란을 최소화하여야 한다. 인류의 진보는 모든 인간의 긴밀한 상호의존성과 모든 민족들의 발전을 위한 공동책임을 더욱더 분명히 인식하고, 인류 공동체의 모든 구성원의 발전을 위해 함께 노력하는 가운데 실현되기 때문이다. 인간은 스스로 모든 제도, 규칙, 발전의 출발점이자 목적이다. 인간성은 자신의 자율과 존엄을 약화시키고 소외시키는 어떤 제도도 허용하지 않는다. 이 인류 공동체적 비전도 고통과 헌신을 요구하는 인간의 노동을 통해서 비로소 성취될 것임은 물론이다.

인간이 평생 동안 행하는 노동을 통해서 자신을 완성해 가기 위해서는 노동에 내포되어 있는 인격적 차원을 존중해야 한다. 즉 노동은 가능한 한 인간이 그것을 통해서 더욱 인간적이 되도록 형성되어야 한다. 인간의 노동은 유용한 상품들을 제작해 내는 것만으로는 충분하지 않다. 상품을 만들어 내는 과정에서 노동자들이 그들의 인격성을 함께 성장시켜 나갈 수 없을 경우에, 기술적으로 완벽히 이루어지는 생산증식이라는 것은 그저 반쪽짜리의 성취일 뿐이다. 인간은 재화나 생산품들 이상의 가치를 지닌 존재로서 노동행위를 통해 자신과 가족의 생활을 영위할 소득을 얻을 뿐만 아니라 그 행위 안에서 전체적인 자신의 계발을 추구하기 때문이다. 무한경쟁, 무한욕구 추구를 통한 극단적인 자본획득 경제술에 불과한 신자유주의적 경제활동은 마치 들판의 불길처럼 쉽게 전파되고 있지만, 스스로 어떤 의미도 알지 못하고 따라서 어떤 미래도 보장되어 있지 않다. 이러한 경제활동 속에서는 동료 인간들에 대한 봉사와 정의실천이라는 전통적인 윤리적 덕은 무의미해지고 만다. 이러한 경제현상은 죽음, 곧 사람들과 자연의 희생만을 낳을 뿐이고 그러한 경제를 수행하는 주체들 자신에게도 죽음만을 가져다줄 뿐이다.

### 참고문헌

• K. Marx, "Die Entfremdete Arbeit", in: *Ökonomisch-*

*philosophische Manuskripte aus dem Jahr 1884*.

- 교황 요한 바오로 2세, 『사회적 관심』(*Sollicitudo Rei Socialis*), 1987.
- 교황 요한 23세, 『지상의 평화』(*Pacem in Terris*), 1963.
- 김용해, 「인간은 노동을 통하여 자신을 실현하는가?」, in: 『철학연구』 98권, 2006.
- 김지하, 「나는 밥이다」, in: 『동학이야기』, 1994.
- 신상기, 「동아시아 금융, 외환위기의 원인과 향후과제」, in: 『서울사회경제연구소 심포지움』, 2001년 3월.
- 최시형, 「해월신사법설」, in: 『천도교 경전』, 1998.
- 표영삼, 「해월신사의 생애」, in: 『해월신사 순도 100주년 기념』(한국사상 제24집), 1998.
- 히라카와 히토시, 「IMF 충격과 한국 경제의 전망」(장인순 역), in: 『30주년 기념특집 4-해외 특별기고: 세계 연감 1998』, 1998.

# 14장 예술과 여가생활

우리들의 자아완성 그리고 행복과 무관할 수 없는 것이 예술과 종교이다. 헤겔의 말을 빌리자면 주관적인 정신을 갖는 개별적인 인간은 자기 자신을 계발하고 완성해 가는 과정에서, 법적이고 사회적이며 역사적인 객관적 정신의 세계를 만나고 경험하면서 점차 예술, 종교, 그리고 철학에서 실현되고 있는 절대정신으로 나아간다. 주관적 정신이란 나 자신에 대한 자의식, 자아형성, 정체성과 관련된 정신이라 할 수 있으며 객관적 정신은 주관적 정신들이 만나는 장, 사회의식, 법의식(정의), 우정, 사랑, 세대 간의 문제, 자연문제 등의 문제로 고민하면서 발견되는 또 다른 영역의 객관적 지평의 정신을 말한다. 이제 주관과 객관이 서로 지양되면서 더 차원 높은 단계, 즉 절대정신의 지평이 나타난다고 헤겔은 보았다. 그러니까 절대정신은 인간정신이 추구할 수 있는 가장 고차원적인 영역이며 최고의 행복으로 나아가는 최종 근거, 최종 목적과 관련된다. 흔히 인간정신의 목적, 진선미(眞善美)와 성(聖)은 절대정신이 실현되고 있는 세 영역, 즉 철학, 종교, 그리고 예술과 관련된다. 칸트의 표현을 빌리면 '진리'라 함은 인간의 순수이성(이론이성)이 추론을 통해 찾는 것이고, '선'은 인간의 의지(혹은 실천이성)가 행위를 통해 추구하는 것이며, '미'는 인간의 감성과 자유의식이 창조적 행위를 통해 갈망하는 것이다. 그리고 이 세 가지가 조화롭게 합일되는 경지에 '거룩함'이 놓여 있다고 할 수 있다. 성(거룩함)은 일반적으로 종교생활을 통해 실현된다고 보고 있다. 이 진선미는 인간의 각기 다른 정신의 기능에서 근원한다고 구별할 수 있을지라도 엄밀하게 말하자면 내적으로 상호작용하며, 단 하나의 인간정신의 작용임을 생각하면 분리되는 것은 아니다. 따라서 상호모순적 관계에서는 어떤 것도 완성될 수 없다. 자기가 속한 신앙 집단만을 절대화하여 다른 종교와 종교체제를 부정하는 행위는 이성적으로 도저히 용납할 수 없다. 예술을 빙자해 사회적 관계를 무시하고 반윤리적, 반사회적으로 가는 것도 문제가 될 수 있다. 그렇다고 이성과 사회의 법칙만을 강조해 자유로운 창작과 자유로운 종교예절을 탄압하거나 통제하는 것도 인권과 인간의 존엄한 가치를 유린하게 되는 것이다. 다음 장(15장)에서 종교에 관해 상세히 다루기로 하고 여기서는 예술, 여가, 놀이에 집중하기로 한다.

## 1. 예술

어떤 사람들은 자신이 예술에 문외한이고 아예 예술에는 전혀 관심이 없다고 말한다. 그러나 예술은 인간의 본성적 활동과 관련되어 있다. 동물들은 사냥이나 종의 번식 등 어떤 활동을 하는 데 기술이 매우 뛰어날 수 있지만 예술적이라고 하지 않는다. 고고학자들은 동굴이나 지하에서 발굴한 뼈 무더기가 인간의 것인지 아니면 동물의 것인지를 구별할 때 예술적 유품이나 종교적 신앙을 증명할 수 있는 어떤 흔적과 함께 있는지에 따른다. 원시인이라 하더라도 매우 정교한 형태의 예술을 가지고 있다. 인간은 자기가 주거하는 건축, 입고 다니는 옷, 먹는 음식 등 가장 기본적인 의식주의 형태를 끊임없이 새롭게 창조한다. 인간은 염색 가공법에서 조각, 춤, 그림에 이르기까지 매우 광범한 형식 안에서 자신의 창조적 직관을 표현한다.

예술은 일반적으로 순수예술과 실용예술로 구분된다. 전자는 아름다운 것의 생산과, 후자는 유용한 것의 생산과 관련되어 있다고 한다. 마치 아름다운 것은 유용하지 못하고, 유용한 것은 아름다울 수 없는 것처럼 보는 것은 두 성질을 지나치게 분리하는 것이다. 현대건축에서는 진정으로 실용적인 것이 아름다운 것이라고 생각하는 학파가 있다. 장식 그 자체를 위한 장식은 결코 장식일 수 없다. 예술은 이처럼 현실과는 거리가 먼 유토피아를 추구하는 듯하지만, 그러나 그것이 진정 유토피아가 되려면 인간 삶의 현실과 전혀 관계가 없는 것이어서는 불가능하다. 예술철학과도 관계하고 있는 미학이라는 철학분과가 있다. 미학의 출발은 플라톤과 아리스토텔레스로 거슬러 올라가는데 주로 예술의 목적은 무엇인지, 미란 무엇인지, 미는 주관적인지 혹은 객관적인지, 미와 도덕성은 어떤 관련이 있는지 등을 다룬다. 미학이 자연과 예술에 담긴 공통적인, 미의 본질과 구조를 다루는 것이라면, 예술철학은 다양한 형태의 예술 장르와 표현 기법과 구조에 관한 근본원리를 다루는 것이라 할 수 있다. 예술은 또한 시간을 보내는 방법, 즉 오락거리일 수 있다. 사실 오락예술도 있거니와 경멸할 필요도 없고 그것이 상대해야 할 유일한 예술일 수도 없다. 그것도 완전한 인간 삶을 위해서 필요하다. 따라서 예술은 문화의 중요한 부분으로서 미적으로 긍정적으로 평가할 수 있는, 그리고 그런 평가를 받기 위한 의도로 생성된, 인간의 손에 의해 창안된 모든 작품들을 지칭한다고 할 수 있다. 건축, 조각, 회화와 같은 공간예술과 음악, 시와 같은 시간예술, 그리고 이러한 단순한 예술체계와 달리 이들을 종합한 오페라, 무용, 등 종합예술, 1,2차 세계대전 이후 발생한 행위예술, 비디오, 레이저 등 각종 효과를 이용한 첨단적, 변형적, 초현실적 예술로서 소위 아방가르드(avant-garde)라고 부르는 전위예술도 있다. 아름다움을 의도하는 인간의 어떤 실험적, 창조적 활동과 행위도 예술로 간주하는 시대에 살고 있는 것이다.

예술 또는 기술에 대한 사유는 역사적으로 크게 네 단계를 거쳐 오늘에 이르고 있다고 정리할 수 있다. 첫째 단계의 아리스토텔레스 이전의 고대예술가들은 예술이나 기술을 '예외 없이 인간에게서는 발견할 수 없는, 따라서 신으로부터 오는 어떤 영감의 산물' 로 보았다. 호메로스는 '대장장이는 헤파이토스와 아테네 신께 그 기술을 배웠다'고 적고 있다. 둘째 단계에서 아리스토텔레스는 예술과 기술 안에는 신적인 주입 덕분이 아니라 작가의 영혼 안에 있는 형상(Eidos)이 표현된 것이고, 인간에게는 계획하는 이성이 있어 경험을 발전시키고 체계화를 통해 예술작품을 만들어 낸다고 생각했다. 아리스토텔레스 이후 예술은 '자연을 모방하는 것(Nachahmung)'으로 정의하게 되었다. 이는 실재론적, 자연주의적 예술관이라 할 수 있다. 셋째 단계로 주목할 수 있는 것은 중세의 토마스 아퀴나스로, 그는 예술 안에 두 가지 요소가 있다고 보았는데, 그 예술작품이 만들어지기 전에 작가의 정신 안에 선험적으로 가지고 있는 이념(Idee)의 요소와 작가의 의지에 의해 이 이념이 감각적 대상으로 실현되는 요소가 그것이다. 아리스토텔레스의 실재주의를 계승한 것이지만 토마스는 그리스도교의 창조 개념을 넣어 사색하고 있다. 삼위일체의 신이 창조 이전에 내재적으로 대화하고 그 이념에 따라 피조물들을 만들었듯이 예술가는 창조 대상인 형상에 관해 내적 언어로 말하고 감각적 표현으로 창조하는 것이 된다. 자연은 신의 활동을 통해 창조되었기 때문에 실체적 형상을 가지고 자기 안에 행위의 원리를 가지고 있는 반면, 예술은 인간의 활동을 통해 만들어진 우연적 형상이다. 예술품 안에 있는 인간의 지성은 결국 신의 지성에서 파생한 이념 또는 형상의 표현이라 할 수 있다. 따라서 그에 따르면 예술은 인간정신의 선험적 근거로부터 자연이 스스로 가져올 수 없는 것을 가져올 수 있다는 점에서 자연보다 우월하다. 네 번째 단계로 근대 미학의 창시자라 할 수 있는 바움가르텐(Alexander Gottlieb Baumgarten 1714-1762)을 들 수 있다. 바움가르텐은 볼프(Wolff)에게서 영향받은 합리론자인데 미학이란 "감각적으로 혹은 혼란스럽게 인식된 완전성에 관한 학문"으로 정의하였다. 그는 수학과 철학과 같은 논리 인식과 달리 감각적 인식을 강조하였고 이 인식은 특히 그림, 음악, 조각과 시 등의 예술을 통해 중계되는데 인간교육과 존재의 완성에 기여한다고 한다. 그는 자연과 예술은 비슷한 것을 창조하는 것이므로 아리스토텔레스의 자연을 모방하기를 다시 강조하였다. 그러나 예술은 창조된 자연(natura naturanta)을 따르는 것이라기보다, 창조하는 자연(natura naturans)을 따르는 활동이다. 아름다움, 즉 미는 사물의 목적에 맞는 질서 잡힌 관계의 감각적 표현으로 실현되어야 한다. 마지막 단계로서 우리가 현대에 보고 있는 아방가르드 예술은 심층심리학이나 정신분석학의 영향으로 무의식 세계를 긍정적으로 주목하면서 실험적이고 초현실주의적으로 표현하고 더 이상 균형과 자연법적 이성을 대상으로 삼지 않고 있다.

우리가 간단히 살펴본 여러 예술 장르와 사조를 통해서 말할 수 있는 것은 예술은 일반적으로 현실적인 공간이라기보다는 창조적 공간, 즉 인간이 꿈을 꾸고 이상을 펼쳐 보는 가상적 공간이기에 본래부터 자유가 전제되어 있다는 점이다. 예술을 하루 생활 중에 밤의 기능과 비교해 볼 수 있다. 철학, 즉 이성적 지각이 낮의 정신작용을 지배한다면 예술은 낮에 못 이룬 것과 풀리지 않은 문제들을 꿈을 통해 해소하는 것과 같이 감성적 지각을 통해 표출하고 행동한다. 현실은 낮의 정신작용, 구체적으로 대면해야 하는 일상생활, 일과 직업에 관계되어 있어 늘 채워지지 않는 한계를 체험하는 곳이다. 예술은 따라서 인간의 무의식, 잠재의식, 갈망과 욕망 등이 소재가 되어 절대적 자유를 추구하는 활동이라 할 수 있다. 물론 예술 장르별로 엄격한 규범과 질서가 있는 것이 분명하지만 그것은 어디까지나 사조에 따른 규정일 뿐 예술혼은 이런 것을 끊임없이 부수고 새로운 것을 찾는 정신이라 할 수 있다. 이러한 예술과 문학은 인간의 상상력과 타인에 대한 공감 능력을 키울 수 있도록 돕는다. 예술은 실용적인 목적을 달성하기 위한 수단이라기보다는 그 자체를 목적으로, 그리고 상상력을 자극하고 우리 스스로를 전인적인 인간으로 만들기 위한 행위이기 때문이다. 따라서 인간은 예술을 통해 상상력과 공감 능력을 키우고 이를 통해 미래를 창조하는 것이다. 과학적 논증이나 경제적 효율성만으로 인류의 현실적 문제들, 지구온난화, 인구의 폭발적 증가, 에너지 사용 증가를 해결할 수 없다. 젊은 시절에 시와 문학, 고상한 클래식 음악, 영혼을 울리는 그림을 통해 감성과 창조적 상상력을 키우는 것은 감동스럽고 호기심이 넘치는 인생을 영위하는 데 중요한 덕행이 된다.

## 2. 여가와 놀이

아리스토텔레스에게 여가란 모든 활동의 중지를 의미하지 않고 가장 고귀한 인간의 활동, 즉 진리의 관조를 의미한다. 그의 입장은 인간은 여가를 위해 노동을 한다고 보는 것이다. 이 생각의 이면에는 철인들이 여가, 즉 진리를 관조하는 활동을 할 수 있도록 누군가는 노동을 해야 한다는 생각이 담겨 있다. 독일 철학자 요셉 피퍼(Joseph Pieper)는 『문화의 토대, 여가』(*Leisure: The Basis of Culture*)라는 책에서 현대인들이 발전을 위한 발전에 대한 숭배, 혼이 빠진 노하우에 대한 찬양, 그리고 지성 대신 직업훈련으로서의 교육 등을 통해서 자기도 모르는 채 노예사회를 향해 가고 있음을 한탄하였다. 이런 사회에서는 한 인간은 전체 사회를 위한 하나의 기능으로 평가된다. 피퍼는 칼뱅의 예정설에 기반을 둔 프로테스탄트의 노동윤리를 현대인들이 내면화하고 있는 현상을 주목하고 그것은 '일을 위한 일'로, 결국 문화와 인격이라는 의미의 영혼을 잃고 있다고 비판한다. 인간은 매일의 노동세계에서 살아야 하지만, 동시에 우리 삶에 절대자에 대한 관조 활동의 여지가 있어야 한다고 주장한다. 피퍼는 여가에 대한 이념이 일을 위한 일의 연속인 일상에 대한 해독제가 될 수 있다고 제안한다. "여가의 정신과 정당성은 기능인이 실수 없이 그리고 휴식 없이 기능해야 하는 것이 아니라 기능인들이 계속해서 인간이어야 한다는 점에 있다. 즉 인간이 기능으로 극히 제한된 환경에 흡수되어서는 안 된다. 인간은 생명과 세계가 완전한 것이라고 지속적으로 볼 수 있어야 한다." 피퍼는 고대세계의 가치관이고 중세에도 견지한 노동과 여가, 유용성으로서의 일, 여가로서의 철학적 관조를 조화시킬 때 인간의 완전성을 사는 것이라 보았던 것이다. 그는 여가는 과거에도 미래에도 어떤 문화에서도 가장 중요한 기초로 생각한다. 그가 말하는 여가는 아리스토텔레스 철학의 맥락에서 우리가 흔히 취미나 좋아하는 일을 즐기는 것을 포함하지만, 그보다도 훨씬 관상 또는 관조와 같은, 불변의 진리에 대한 깊은 사색 또는 무념무상의 일치체험 등을 의미한다. 후자는 바삐 즐기는 활동보다 더 고상하고 더 상위의 인간의 지성활동으로 본다. 현대의 인간은 기계장치의 도움으로 과거에 비하여 점점 더 노동하는 시간이 짧아져서 더 많은 자유 시간을 즐길 수 있게 되었다. 그래서 이 여가생활의 개발은 더욱더 중요한 문제가 되었다. 더 나아가서 수명이 길어지고 더 일찍 은퇴하는 사람이 일반적이어서 이 여가생활은 제2의 인생을 사는 데 중요한 요소가 될 것이다.

우리는 게임을 통해 놀지만(즐기지만) 놀이는 게임과 동일하지 않다. 사람이 공연행위(퍼포먼스)를 즐기기 때문에 공연행위에 참여하면서 노는 것이다. '일만 하고 놀지 않으면 바보가 된다' 는 격언이 있다. 여기에는 중요한 진리가 담겨 있다. 그러나 그것이 진리의 전부가 될 수 없다. 놀이가 삶의 전체가 될 수는 없지 않은가? 아무튼 인간이 해야만 하는 일을 하면서 깨어 있는 모든 시간을 소비한다면, 그의 인격에 개발되지 않은 어떤 부분이 반드시 있음은 분명하다. 놀이는 각 사람에게 인격적 선택을 실행할 수 있는 기회를 준다. 사람은 열정적인 스포츠와 같이 그 안에서 엄청난 에너지를 소비할 수 있고, 혹은 작은 에너지를 소비할 수 있다. 중요한 것은 사람은 어떤 퍼포먼스를 즐기기 때문에 그것을 하는 것이다. 명상, 좌선 등 기도는 그것을 즐길 수 있다는 의미에서 놀이일 수 있다. 철학 역시 즐길 수 있다. 그러나 이 둘 역시 일이 될 수 있다. 앞에서 일과 놀이의 구별은 그 행위의 결과에 동기화되어 있는지, 아니면 그 자체로 즐기는 일에 동기화되어 있는지에 달려 있다고 보았다. 플라톤이 『법률』에서 언급하고 있듯이, 신을 기쁘게 하는 것 외에 어떤 것도 동기가 되지 않는 활동들, 즉 인간이 관여하고 있는 게임과 같은 것, 봉헌(종교에서 제물을 바치는 행위), 노래와 춤은 놀이라 할 수 있다.

인간의 행복은 이처럼 여가와 놀이를 통해서 인간이 결과에 의무로 얽매인 일에서 해방되어 행위 그 자체를 즐기는 데에, 그리고 상상력과 공감을 자극하여 자신과 세계에 새로운 것을 창조하는 예술행위를 통해 자신을 확장하는 데에 있다. 인간의 특별한 능력, 추리할 수 있는 능력이 이론적인 지식을 추구하고 이성적으로 동기화된 행위 안에서 현실화되는 곳에 행복이 있다. 그러나 이성의 활동은 행복의 한 요소일 뿐 전부는 아니다. 인간은 육체에서 분리된 지성이 아니기 때문이다. 인간은 다른 종류의 활동에도 역시 참여하며 이 모든 활동이 완전한 인간이 되는 데에 기여를 할 것이다. 또한 행복은 생명과 건강을 증진하고 놀이와 미적 경험, 우정, 자기 자신의 표현, 타자와 조화로이 사는 삶, 신을 찬미하고 사랑하는 행위 안에 존재한다.

## 참고문헌


- F. Austeda, "Kunst", in: *Lexikon Der Philosophie*, 1989.
- A. Müller(u.a.), "Kunst", in: *Historische Wörterbuch Der Philosophie*, 1976.
- J. Pieper, *Leisure: The Basis of Culture*, 1998.

# 15장 종교와 영성생활*

옥스퍼드 콘사이스 사전에 종교는 "인간을 초월한 조절하는 힘 그리고 특별히 순명(順命)을 받을 만한 인격적 신을 인정하고, 이 인정이 인간의 행위와 태도에 미치는 영향들"이라고 정의하고 있다. 이런 정의에 따르면 마르크스주의 등 이데올로기적 신념은 종교일 수 없다. 브리티시 백과사전은 종교의 대상을 "성스러움"이라고 정의하여 더 넓게 포괄하고 있다. 종교학자 라이몬드 파니카는 『종교들과 종교』(*Religionen und die Religion*)라는 저서에서 모든 종교는 숙고할 요소 세 가지를 가지고 있다고 한다. 첫째 자아실현의 도상에 있는 현재적 인간, 둘째 인간과 구별되는 하나의 실재 자체, 혹은 절대적 가치 또는 절대자, 셋째 인간 삶의 목적이 그것이다. 여기에 근원적인 사실(실재)과 인간 사이에 놓여 있는 심원, 그

* 이 글은 「인간 존엄성의 근거: 종교적 실존」과 「현대 영성의 초월철학적 이해」로 발표된 논문의 내용을 사용하였음.

리고 인간의 목적으로서 이 심원의 극복이 가능하다는 것이 전제되어 있다. 모든 종교가 적어도 이 세 가지 요소와 그것에 상응하는 사실들을 종교적 핵심요소로 인정한다면 우리는 종교를 다음과 같이 정의할 수 있다. 종교는 그 안에서 인간이 자기실존의 한계를 체험하고, 동시에 궁극적 사실과 일치됨을 통한 극복을 자각하며, 이 심원한 괴리를 극복하기 위해서 다른 동료들과 함께 노력하는, 가르침과 전례 그리고 공동체로 이뤄진 통합된 의미체계이다. 인간존엄성 이념은 인간의 종교적 실존, 즉 인간이 근원적인 실재 앞에서 그리고 그 실재 안에서 자신의 극단적 한계를 깨닫고 동시에 실존적 관계 안에서 선사되는 힘을 통해서 이 한계를 뛰어넘어 근원적 실재에 도달하는 것을 자신의 생명의 목적으로 삼고 노력하는 자율적 실존에 근거를 두고 있다고 말할 수 있다. 우선 우리는 세 가지 요소의 내용을 더 상세히 살피면서 종교의 본질을 이해하기로 한다. 즉 첫째 인간의 근원적 사실과의 관계(1), 둘째 한계를 초월해 근원적 사실을 생명의 목적으로 삼아야 하는 점(2), 셋째 인간의 노력과 이 관계에서 선사되는 은총(3)을 규명해야 한다. 마지막으로 종교적 실존의 의무를 수행하기 위해서 각자의 영성생활이 관건이 되는데 현대사회에서 유행하고 있는 영성의 개념을 이해해 본다.

## 1. 문제로서 놓여 있는 인간의 사실과의 관계

우선 인간이 사실, 즉 실재 자체와 어떤 관계가 있는지를 살펴보자. 이 실재 자체에 대한 많은 지시어들이 있다. 신(神), 최종 원인, 궁극 실재, 절대자, 초월, 무한, 거룩함, 선, 도(道) 혹은 절대무(絶對無)가 종교와 철학에 따라서, 언어에 따라서 달리 일컬어진다. 그러나 지시어들이 표현한 내용을 고려하면 이 개념들은 다소 닮았다고 할 수 있다.

인간의 종교적 실존은 그가 자기 자신을 의식한다는 사실, 즉 그가 자기 자신을 대상화할 수 있다는 사실에서 출발한다. 자기 자신에 대한 자각 안에서 인간은 우선 자기 자신의 존재가, 다음으로 다른 존재자들의 존재가, 더 나아가 존재 일반 모두가 절대적으로 우연적이라는 것을 이해한다. 여기서 절대적으로 우연적이라는 말은 경험에 주어진 것 안에서 볼 때 하나의 사실이며, 있어야만 하는 것이 아닌데 그럼에도 있는 것으로 인식된다는 의미에서 그런 것이다. 100년 전에 이 세계에 분명 존재하지 않았던 나, 100년 후에도 역시 이 세상에 존재하지 못할 것을 분명하게 인식하고 있는 내가 지금 존재하고 있다는 사실은 내가 필연적으로 존재하는 자가 아니라는 것을 자각시켜 준다. 모든 존재자의 존재와 인간의식의 존재가 절대적으로 우유적(우연적)이라는 것은 인간의식에 분명히 현존하고, 따라서 어떤 이전의 근거가 설명으로 필요하지 않은 하나의 '사실'이다. 모든 존재자의 무상성(항상 존재하지 않고 사라지는 성질)뿐만 아니라 내 자신의 존재의 무상성도 사실이라는 것을 인간은 의식한다는 바로 그 점에서 종교적 경험의 출발점이 놓여 있다. 종교적 경험은 따라서 그것의 근본형태에 있어서 익숙하고 일상적인 인간실존 안에서 자기무상성체험, 한계체험, 그리고 자기체험을 하는 것 외에 아무것도 아니다. 자신의 한계와 위기를 체험하면서 불현듯 예감하게 되는 인생의 무상함이나 삶의 무의미성을 생각해 보라. 한편으로 우리는 죽을 수밖에 없는 존재라는 사실을 무엇보다 더 분명히 자각하면서, 다른 한편으로 언제 죽음이 우리에게 올 것이며 그것은 무엇인지 전혀 알 수 없는 불가지성을 자각하는 것보다 더 인간적인 것은 없다. 우리로 하여금 우리 자신의 분열된 과거와 불확실한 미래에 깨여 있게 만드는 의식의 자기현존보다 더 현재적인 것은 없다. 인간이 점점 더 깊이, 자기실존이 절대적으로 우연이라는 의식 안의 사실에 눈을 뜨면 뜰수록 점점 더 그는 자신에 대해서 문제의식을 체험하고 위기를 느낀다.

인간의 자기의식이 자기존재를 완전한 우연적 사실로 바라봐야 하며 거기서 어떤 충분한 의미도 발견할 수 없는 한, 인간실존은 자기 자신에게 해결할 수 없는 골칫거리(scandal)가 된다. 모든 종교는 이 실존적 문제를 알고 이를 해결할 가능성을 제공하려 한다. 인간이 자기실존 안에서 문제를 의식하는 한편 해결책을 찾아야만 한다는 사실은 모순적이게도 매우 어려운 문제이며, 동시에 그러하면 그럴수록 더 긴급한 해결책을 요구하게 된다. 실존적 고통과 인간의 극적인 한계의 깊이를 자각하지 않고서는 인간은 구원과 인간의 존엄성의 위대함을 경험할 수 없다.

## 2. 문제해결로서 사실과의 화해

인간의 실존적 우연성에서 해방되기를 갈망하는 것은 우리를 두 번째 시선으로 '사실'에 주목하게 한다. 이로써 우리는 종교에 관한 성찰의 두 번째 요점에 이르는데, 즉 인간은 자기한계를 넘어 실재 자체와 화해하고 일치하는 것을 요구하는 그의 실존 안에서 그의 삶의 목적을 갖는다는 점이다.

실재의 영역에 들어가기 전에 우리는 왜 인간은 그의 무상성과 절대적 우연 안에 있는 그의 실존을 하나의 사실로 그냥 받아들이지 않고 해결해야 할 문제로 인식하는지를 묻는 것으로 시작해 보자. 자기의 극단적 한계와 실존적인 문제의 현존 안에 있는 인간은 스스로 깨닫는 존재자로서의 그에게 적절하게 여겨지는, 하나의 희망적인 파악 혹은 하나의 선취하는 앎을 이미 가지고 있는 것일까? 아래에서 우리는 인간이 어떻게 이 문제를 자기 사신과 함께 조우시켜 해결할 수 있는지 가능적인 길들을 살펴보자.

첫 번째 길은 신비주의의 길인데 여기에는 동학, 선불교, 그리고 많은 종교의 특정한 신비주의들이 속한다. 이 길은 해결하는, 즉 실재로 가는 방법이 자신(ego)의 죽음을 통해서 도달할 수 있는 것이라는 점에서 출발한다. 나의 죽음이란 여기서 하나의 과정을 말하는데, 무엇의 세계, 즉 존재자의 세계를 뛰어넘어 절대적으로 무엇이 아닌, 즉 절대무의 세계로 들어가는 과정을 말한다. 보이는 존재자의 형식과 의미는 오직 절대적으로 형식도 의미도 없는 실재와 인간의 의식 안에서 하나가 될 때 비로소 조명되고 발견된다. 사르트르가 그의 무신론적 실존주의에서 말하는 인간실존의 근거로서의 무와는 다르다. 사르트르에게는 그런 근거가 없기 때문에 인간 스스로, 즉 데카르트의 나(ego)가 자기 자신의 주인(자율적 자유인)이 되고 절대적 진리가 되어 모든 것을 창조하는 자가 된다. 따라서 자기 밖의 절대자, 신, 절대가치는 없게 된다. 그러나 신비주의의 길은 자기 자신(ego)의 무화가 이루어지지 않고서는 결코 절대무의 세계와 합일될 수 없다.

두 번째 길은 선험적인 길인데 인간이 의식 안에서 선험적으로 주어진 절대자의 관념을 발견한다는 사실에서 출발한다. 이 절대자는 다른 이름, 신, 무조건자, 선 혹은 거룩함으로 표현되기도 한다. 절대적 관념은 자기 안에 모든 가능성과 인식의 최종 원인과 조건으로서 모순적이게도 자기동일성과 동일성의 부정을 동시에 포함한다. 칸트는 이 관념(Idee)을 인간이 인식하기 전에 그리고 인간의 인식 밖에서 찾으며, 경험과 무관하게 주어져 있으며, 인식과 성찰 그리고 의미부여하는 행위에 조건과 규정적 사고(규제, 통제)를 가능하게 하는 것이라고 말한다. 절대자로서의 신의 선험적 관념이 모든 도덕과 인간의 자기실현의 가능성에 기반이 되고 자율적인 인간에게 의무감을 부여하게 된다. 이 관념이 양심처럼 올바른 의미와 그에 상응하는 행동으로 나아가도록 자극하고 돕는다. 이 절대 관념은 포이어바흐의 종교적 투사와는 전혀 다르다. 신 또는 절대자는 결코 실존적 존재와 분리되고 독립되어 있는 어떤 다른 존재로 파악해서는 안 되기 때문이다.

세 번째 길은 신앙의 길인데 우리의 경험은 우리로 하여금 실존의 의미를 눈에 보이는 존재의 세계에서 찾을 것이 아니라 다른 곳에서 찾아야 함을 인정하게 한다는 사실에서 출발한다. 인간은 우유적 존재라는 그 절대성에 눈을 떠야만 하는 사실은 존재란 인간에게 세상에서 가장 중요하고 수월한 것이 아니며, 따라서 존재를 초월하는 실재의 가능성을 도출해야 한다는 것을 지시하고 있다. 모든 존재를 초월하면서도, 자기 자신은 더 이상 존재도 존재자도 아니면서, 모든 존재에 현존하는 실재를 인정하고(흔히 이를 신 또는 절대자라 부른다), 이 실재를 통해서 의미를 찾아 나가는 태도가 신앙의 길이다. 그는 자기 자신을 인간의 경험 안에 계시하기도 하지만 여전히 완전히 드러내지 않고 있다. 그럼에도 그 실재의 가능성을 인정하는 신앙이 그 실재에게로 나아가게 하는 원동력이 된다. 그리스도교에서 말하는 신앙은 한 인격과 실재(신)가 일치해 가는 방법이라 할 수 있다.

## 3. 문제해결을 돕는 작용 에너지

우리가 위에서 보았듯이, 무엇보다 인간은 자기 스스로는 극복할 수 없는 실존적 한계를 가지고 있지만, 초월적 실재(사실)와의 인격적 관계를 통해서 이 문제의 해결 가능성을 가지고 있다는 자각으로부터 인간의 종교성은 발생한다. 따라서 인간은 인식과 의지

작용 안에서 발생하는 절대자 또는 절대지평이 인도하는 힘을 통해서 자기를 초월해 나가고, 진리와 자유를 향하여 자신을 계발하며, 바로 이 안에서 실재와 — 존재세계의 의미를 인간이성의 빛 안에서가 아니라, 사실의 빛 안에서 완전히 실현해 간다는 의미로 — 하나가 된다. 실존적 한계체험을 하기 전이라도 인생에 대해 첫 순간부터 성찰한다면 인간이 되어 감이라는 계속적인 부름을 명확하게 의식할 수 있다. 인간은 필연적으로 존재하는 것이 아닌데도 삶으로 초대받았다. 인간은 홀로 스스로의 힘만으로가 아니라, 자기 밖에서 선사된 힘에 의해 성장하고 풍요로워진다. 즉 가족, 사회, 그리고 자연이 유기적으로 한 인간존재를 탄생시키고 유지하고 인정하고 지지한다. 인간의 존재와 활동, 진화와 역사 안에서 인간에게 스스로 보여 주고 선사하는 "초월적 실재"는 모든 생명 에너지 안에 현존한다. 존재와 인간으로 되어 감으로의 부름은 절대적 실재의 선물이고 이에 대한 개인의 응답이 성실한 삶에 대한 의무감으로 나타난다.

초월적 사실은 인간에게뿐만 아니라 더 나아가 모든 생명체와 비생명체에게까지도 자기 자신을 나누고 있다. 단지 인간만이 자각된 경험을 통해 자기의 구원은 자기 안에 있지 않고 초월적 사실과의 관계 안에서 찾을 수 있다는 것을 인정할 수 있다. 인간은 실재, 즉 모든 존재자와의 네트워크 안에서 자신에게 작용하는 분여(partizipatio)의 종류와 방식을 인식한다. 실재는 인간을 지배하기보다는 영감을 준다. 실재는 인간을 강제하기보다는 부양한다. 실재는 인간을 규정적으로 조종하지 않고 그에게 맡김으로써 그가 실재와의 일치 안에서 존재의 의미를 찾고 거기에 맞갖게 창조적으로 행위할 수 있도록 한다. 즉 인간은 모든 사물에 현존하는 실재의 빛 안에서 모든 존재자의 의미와 모든 사회와 제도의 가치를 찾고, 설립하고, 그 규정에 따라 자유롭고 진실되게 행위를 하도록 초대를 받았다. 이 초대에 성실히 응한다면 그는 자기 자신을 이기적 자아로부터 해방시키고 실존적 의미 문제를 해소하며 마침내 자기 자신을 완성시킨다. 여기서 인간의 자유는 처음부터 전제되어 있다. 인간의 자유를 전제하지 않고서는 실재가 스스로 선사한다는 사실을 말할 수 없다.

초월적 실재의 부름을 자기생활 안에서 받아들이고 자유로이 그것에 응답하는 사람은 절대자를 인격적으로 경험할 가능성이 있다. 예술가가 자기 작품을 통해서 자신을 드러내듯, 피조물을 통해서 창조하는 절대자를 인격으로 경험할 뿐 아니라, 인간정신으로는 알 수 없는 진리를 경험한 후에 그 이면에 직접 소통하듯이 계시하는 인격을 고백할 수 있다. "너는 신이 타인과 이야기하는 것을 들을 수 없고, 단지 네가 말을 건네진 자가 될 때에만 들을 수 있다"라고 비트겐슈타인은 말한다. 신, 절대적 실재는 인식의 대상으로 이해될 수 없고, 존재가 아니지만 모든 존재에 현존하고(계시되어 있고), 모든 존재자를 통일적 차원에서 작용하는 의식의 실재로서 이해되기 때문이다. 절대적 실재는 자기 자신을 통해서 자기를 직접 제공하되, 인간의 인식하는 정신과 자유의지 안에서 하나의 무한한 역동성으로 주어지기 때문에, 개별 인격 안에서 점점 더 열리는 경험의 최종자로서 지시된다. 정신 주체의 역동성은 자기 스스로의 힘으로가 아니고, 그것의 궁극방향에 의해 개방되고 지지되는 것, 즉 "은혜를 입은 것"으로 경험된다. 인간이 절대적 실재로부터 존재로, 모든 존재자와의 조화로 그리고 자기완성으로 불림을 받았고 이 불림의 성취로 향하는 도상에서 이미 은혜를 입고 있음을 경험한다면 그는 이 경험을 넘어서 자기 자신으로부터 성장하는 실천적 과제에 감사하고 기꺼운(자유로운) 마음으로 투신할 수 있으며 또 투신하려 한다. 이 과제, 즉 존재의 의무라고 부를 수 있는 이것은, 절대자의 부름에 상응해서 이기주의적 자아에서 벗어나 모든 순간에, 한계상황에서조차도 희망과 신뢰 가득히 절대적 지평 속에 있는 모든 실재와 관계를 맺고자 노력하는 데에 있다.

마르틴 부버는 인격적인 관계 안에서 신을 영원한 너(eternal Thou)로 부르는데, 이는 성서를 통해서 유대인들이 신앙하는 인격적인 신이다. "모든 개별적인 너(Thou)와의 만남은 영원한 너(eternal Thou)를 만나게 해 주는 창문이다"라고 부버는 말한다. 부버에 따르면 진정한 나(I)가 될 수 있는 가능성은 너(Thou)가 되어 줄 수 있는 다른 인격이 있기 때문이요, 그 인격이 나와 너(Thou)로 관계를 맺어 주기 때문이다. 그러나 모든 너(Thou)는 그것(It)으로 변할 수밖에 없는 위험을 가지고 있다. 우리 인생에서 너(Thou)라고 불렀던 그 귀한 대상들도 시간이 지나고 나면 언젠가 너(Thou)가 아닌 그것(It)으로 변해 버린다. 따라서 이러한 인생무상의 경험 속에서 비로소 영원한 너(eternal Thou)라고 부를 수 있는 존재의 지평이 드러난다. 그는 단순한 하나의 우주법칙이나 절대적인 존재로서 우리에게 나타나는 그것이 아니라, 사랑으로 우리와 인격적인 관계를 원하시는 사랑의 님, 하느님이다. 우리를 자신의 너(Thou)로 만들기를 간절히 소원하는 나(I)로서 우리 앞에 서시는 분이다. 언제든지 어디서나 어느 형편에서나 우리의 너(Thou)로서 있는 하느님이다. 그러므로 우리는 우리의 전존재를 바쳐서 언제든지 어디서나 어느 형편에서나 우리를 너(Thou)로 부르시는 하느님께 응답함으로써, 영원한 너(eternal Thou)와의 만남을 이루며 진리와 자유를 지향하는 이성과 의지 안에서 그 관계가 활력을 얻게 된다.

앞에서 살펴본 것을 요약한다면 인간은 한편으로 점점 더 자기를 의식하는 존재로 불림을 받았고, 자기 안에서 실존적 운명, 즉 절대적 자기 우연성과 자기 불합리성을 감내하면서 동시에 이 실존적 문제를, 실재(사실) 자체와 관계를 맺고 이로써 모든 존재자를 고려하면서 존재세계의 의미와 진리를 찾아가는 것을 통해 해소할 수 있다는 것을 자각한다. 모든 인간존재는 인간의 완성되어 감이라는 부름에 기초하여 연속적 생명을 영위하기 때문에 모든 인간은 처음부터, 출생 전이든 출생 후든, 어린이든 성인이든 가리지 않고 동등한 존엄성을 갖는다고 말할 수 있다. 다른 한편 인간은 이 부름에 따라 자신의 이기적 자아를 버리고 모든 존재자를 하나로 작용하는 절대자의 내적 부름에 자기 삶을 맡김으로써, 파악한 의미와 진리에 상응하여 신실하게 행동하고 자신을 마침내 완성하는 데에 최선을 다해 노력하는 의무를 갖는다. 이처럼 인간의 완성되어 감으로의 실존 속에서 진리와 신실을 바탕으로 전 실재와의 점진적 일치를 이루는 존재라는 의미에서 인간 모두는 종교적 실존이다. 종교란 이 실재와의 관계회복을 통해 자신의 한계를 끊임없이 극복하는 의미체계이자 공동체로 정의할 수 있음을 이미 보았다. 모든 인간은 이 종교적 실존을 자각하고 생활함으로써 자신의 존엄성을 드러내고 동시에 삶의 의무에 충실하면서 완성에 도달할 수 있다.

## 4. 문제해결의 방식: 영성생활

영어의 "spirituality(영성)"라는 단어는 라틴어 "spiritualitas"에서 유래한 말인데 "spiritus(영, 靈)"라는 명사와 "spiritualis(영적인)"라는 형용사가 관련되어 있다. 이 두 단어는 사도 바오로의 서간에서 자주 나오는 "pneuma"와 "pneumatikos"라는 단어를 라틴어로 각각 번역한 것이다. 바오로 신학에서 영은 초기에 육(sarx; caro)과 반대어로, 영적인 것은 육적인(sarkikos; scarnalis) 것, 또는 동물적(psychikos; animalis)인 것과 반대로 쓰인다. 그러나 바오로의 후기 서간에서 영은 신체(soma; corpos), 신체적(somatikos; corporalis)이라는 개념과도, 혹은 물질(hyle; materia)이라는 개념과도 상반되지 않게 쓰이고 있음이 분명히 드러난다. 바오로에게 영적인(pneumatic 혹은 spiritual) 사람이란 자신의 존재와 삶이 "하느님의 영(Pneuma Theou)"(1 코린 2,12; 14 참고)에 의해 질서 잡히고 인도되며 영향받는 이를 일컫는다. 반면에 육적인(sarkic), 혹은 동물적인(psychic) 사람은 자신의 존재와 삶이 하느님의 영에 거스르는 자이다. 따라서 바오로는 영과 육, 혹은 정신과 물질을 대비시키려는 것이 아니고 두 가지 형태의 삶, 즉 성령에 따르는 삶과 성령에 거스르는 삶의 형태를 대비시킨 것이라 할 수 있다. 몸도 생혼도 영혼처럼 성령에 의해 인도되면 영적으로 되고, 사람의 영혼과 정신, 의지가 성령에 거스르거나 그저 본능에 머무르고 양심에 어긋나면 육적으로 되는 것이다. 그리스도교 신앙의 언어로 성령에 인도된다는 의미의 "영(성)적인" 것이란 아리스토텔레스 철학으로 이해하자면 실천이성(phronesis)이 지혜(sophia), 직관(nous), 학문(ephisteme) 등의 이성적 덕에 규제되면서 중용의 행동양식으로 구체적 상황을 숙고하여 윤리적 행위의 지향을 결정해 나가는 것을 의미한다. 무엇보다 아리스토텔레스의 자연신학을 성립시키는 지혜(sophia)와 실천이성(phronesis)은 영성을 이루는 중요한 요소이다. 영원한 존재 또는 가치를 목적인으로 지향하면서 구체적 상황에서 실천이성이 숙고하며 결단하기 때문이다. 오늘날 영성이라는 개념은 전 지구촌에서 생활 전반에 사용되고 있기 때문에, 그리스도교 신학에서뿐 아니라 인간학적 관점에서 인간성 그 자체의 구조와 역동성 안에서 이해되고 있다. 영성은 인간 그 자체로의 활동이다. 이 활동이 종교적(좁은 의미)이라면 절대자 또는 절대 가치에 투신하는 것에 개방적이겠고, 좀 더 구체적으로 이것이 그리스도교적 영성 활동이라면 예수 그리스도의 인격과 결합되어 성령의 은총을 통해 이루어질 것이다. 그러나 영성이라는 개념은 그런 영역으로만 제한되는 것이 아니다. 원칙상 진정한 인간의 삶을 영위하고 자기 자신을 실현하기 위해 모색하는 모든 사람들에게 동등하게 유용한 활동이다. 앞에서 우리는 인간이 넓은 의미의 종교적 실존 속에서 생명을 영위하고 완성되어 감을 이야기하였다. 산드라 엠 슈나이더스는 영성이란 "인간이 인식하는 궁극 가치를 향하여 고립이나 자아열중이 아니라 자기초월의 관점에서 자신의 삶을 통합하려고 의식적으로 노력하는 경험"이라고 정의한다. 이 정의는 개인의 자기초월 차원에서 문제로서의 한계상황과 문제의 해소로서 실재와의 관계를 설명하고 있다. 여기서 알 수 있는 것은 영성이란 앞에서 도출한 인간의 종교적 실존을 구체적으로 살아가는 각 개인의 행동양식에 다름 아니라는 것이다. 다만 종교란 절대적 실재와 합일을 이루기 위해서 다른 동료들과 함께 전통적 가르침과 전례를 보존하며 의식적으로 노력하는 공동체인 반면 영성은 경전과 전례 등 공동체성을 본질로 보지 않고 개인이 주체가 되어 구체적 삶의 현장과 문화적 종교적 맥락에서 자신의 삶을 완성하려는 노력으로 구별할 수 있을 것이다. 그러나 영성에서도 역시 공동체성과 사회성은 매우 중요한 요소이다. 전통에서 강조해 온 공동체성이 반드시 제도종교 형식이 아니더라도, 영성은 사회적 맥락이라는 차원에서 고려해야만 인간 삶의 통합을 이룰 수 있기 때문이다.

위에서 살펴보았듯이 영성은 주체적 자아가 대면하는 모든 영역의 실재에 대한 책임의식 속에서, 궁극적 관심의 지평 안으로 그리고 그를 향해서 자기초월을 통하여 인격적 통합을 이루려는 진보적이고 의식적인 전체 행위 과정이라고 볼 때 이는 일정한 자기 역동성을 가지고 있음을 알 수 있다. 전통적 그리스도교의 영성학은 ① 정화(purification) → ② 조명(illumination) → ③ 일치(unification)의 단계, 혹은 ① 무질서에서 개선으로(deformata reformare) → ② 개선에서 모델 동반적 변화로(reformata conformare) → ③ 모델 동반적 변화에서 모델과의 일치변화로(conformata confirmare) → ④ 일치에서 완전한 변화로(confiramata transformare)의 단계로 영성의 심화과정을 표현한다. 불교의 십우도(十牛圖) 역시 깨달음의 심화 과정을 나(주체적 자아)와 소(객체적 자아)와의 10단계 과정으로 표현하고 있다. 여러 종교의 전통이 제시하고 있는 역동적 자기초월의 길을 비교해 보는 것은 자신의 영성을 계발하는 데 큰 도움을 줄 것이다. 나는 여기서 여러 전통의 영적 심화단계들을 다양하게 소개하기보다는 어떻게 이러한 심화단계를 구성할 수 있는지 그 방법론을 제시하는 것으로 만족하려 한다. 모든 영성체험, 즉 자기초월체험은 ① 경험(experience) → ② 성찰(reflection) → ③ 행동(action) → ④ 평가(evaluation)의 작동구조를 통해 발전된다. 인간은 의식적이든 무의식적이든 이 작동구조를 통해 자신의 생명을 더욱 충만하게 유지하려 한다. 현대에 범람하는 영성들이 올바른 방향으로 나아가는지 평가하는 기준도, 나의 영성체험이 진정 나의 전인격적 생명력을 더욱 신장시키는지의 기준도 이런 인식구조 안에서 드러난다. 앞에서도 언급했지만 이러한 인식과 실천의 순환적 작동은 각자가 좋은 영성을 찾기 위해서 시도되겠지만 공동체적으로, 그리고 사회적 작용과 반작용을 통해서 더욱 완전하게 운행할 수 있다.

## 참고문헌


- L. Dewart, *Die Grundlagen des Glaubens*, 1971.
- R. Panikkar, *Religionen und die Religion*, 1965.
- K. Rahner, *Grundkurs des Glaubens*, 1984.
- S. M. Schneiders, "Spirituality in the Academy", in: *Theological Studies 50*, 1989.
- S. M. Schneiders, "Theology and Spirituality: Strangers, Rivals, or Partners?", in: *Horizons 13*, 1986.
- 김용해, 「인간 존엄성의 근거: 종교적 실존」, in: 『동학학보』 11권 2호, 2007.
- 김용해, 「현대 영성의 초월철학적 이해」, in: 『가톨릭철학』 10호, 2008.

# 16장 죽음과 완성*

인간은 죽음을 알지 못하면서 막연히 두려워하며 회피한다. 현대문화 안에 죽음을 배제하고 기피하는 경향들을 쉽게 찾아볼 수 있다. 공동묘지, 화장터, 납골당은 주민들에게 혐오시설이 되었다. 임종과 제사와 장례식에는 어른들만 출입한다. 대가족 사회에서의 가정 임종은 사라지고 임종 순간이 병원의 관리상황으로 놓여 가족들은 죽어 가는 사람과 충분한 교감을 나누는 특권을 빼앗긴다. 인간이 자신의 주체성과 정체성을 공고하게 가지면 가질수록, 그리고 개인적 삶을 극대화하면 할수록 개체적 죽음은 더욱 받아들이기 어려운 스캔들이 되고 그 스캔들이 해결되지 않으면 죽음을 삶 속에서 배제하려 하기 때문에 죽음과 장례는 다른 문화적 상징으로 바뀌고 만다. 장례식장 문화가 죽음 자체에 대한 성찰과 망자와의 교감을 나누는 것이라기보다는 사회적 관계의 표현에 더 치중하는 현

---

* 이 글은 졸고 「죽음의 철학적 함의와 죽음교육의 필요성」의 일부분을 사용하였음.

실을 생각해 보라.

우리가 죽음을 정신 안에서 의식화하거나 주제화하지 않는다 하더라도, 더 나아가 의식적으로 축출하려 노력하더라도 죽음은 무의식 안에서 우리를 지배한다. 어쩌면 죽음에 대한 두려움 때문에 생명을 허비하고 있는지 모른다. 어떤 형태로든지 죽음을 가까이 체험한 사람은 삶의 태도를 바꾸고 죽음을 더 이상 두려워하지 않는 경우가 많다. 영성가들은 중요한 선택과 결정을 할 때에 죽음에 직면한 시점에서 가능적 선택 내용을 의식하며 마음이 어떻게 움직이는지를 보라고 충고한다. 인간이 죽지 않고 영원히 산다면, 오늘 어떤 일을 굳이 할 필요가 있을까? 내일이 있고 모래도 있을 터인데 우선순위가 있을까, 우선순위가 없는데 가치와 의미가 존재할까? 우리가 바삐 사는 까닭도 시간 안에 사는 존재라는 것을 의식하기 때문이 아니겠는가. 우리의 분주한 삶이 죽음에 대한 두려움이라는 강제성 때문에 방향을 잃고 발버둥치는 것이라면, 그리고 그러고 나서도 결국 죽어야 한다면 무슨 의미가 있는가?

죽음을 깊이 이해하려면 신화와 종교문화들을 비교하거나 철학사를 통해 철학자들은 자연적인 죽음을 어떻게 정의하고 이해했는지를 살펴보아야 한다. 철학적으로 죽음을 말한다는 것은 신화나 종교적 신조에서 가르치는 상징과 예화와는 달리 인간이 체험하고 인식하며 보편적으로 타당한 논거로 설명해야 한다는 것을 함의한다. 죽음을 인식론, 존재론, 윤리학, 인간학 등 철학의 제 분과의 관점에서 접근할 수도 있겠으나 여기서는 죽음이 인식과 의지에 대상화되기 어렵기 때문에 역사 안에서 철학자들이 표현한 직관들에 의지해서 죽음에 대한 몇 가지 설명 모델을 구성해 보고 초월철학적 사유의 틀로 종합해 보고자 한다.

## 1. 죽음에 대한 설명 모델

죽음 밖의 타자인 우리는 죽음 그 자체를 내부로 향해(ad intra) 경험할 수도 파악할 수도 없다. 그러나 그럼에도 우리는 우리의 정신 안에서, 의식에서든 무의식에서든 현전하고 있는 죽음에 대한 상, 또는 관념을 한시도 떠나 지낼 수 없다. 우리는 타자의 죽음을 외적 현상으로(ad extra) 경험하고 시간 내의 존재라는 사실에서 직관에 의해 우리 실존의 죽음과 무상성을 의식한다. 그러기에 자기존재의 한계와 허무를 알고 이를 초극하려는 모든 시도가 발생한다. 인간이 존엄한 까닭은 죽음을 의식하기 때문이라고 가브리엘 마르셀은 갈파한다. 이 직관에는 인간이 가치와 의미를 추구하면서 자신을 초월하려는 노력을 끊임없이 행하는데 이는 죽음을 자각한 실존적 응답이라는 성찰이 있다.

인간의 죽음에 관한 여러 주장 자체가 인간을 이해하는 중요한 단서가 된다. 죽음에 관한 여러 주장이 가능한 것은 인간이 순일하지 않고, 영혼과 육체를 지닌 복합적인 존재이고, 고정되어 있지 않고 탄생, 성장, 노쇠, 죽음이라는 되어 감의 과정적 존재이기 때문이다. 또한 인간은 육체 안에 갇힌 개체적 존재로서만이 아니라 개체를 초월한 사회적, 우주적, 역사적 존재라는 점도 이런 죽음을 이해하는 데 다양성을 더해 주고 있다. 우리는 철학사에서 출현한 죽음에 관한 직관들을 다음의 세 가지 이상적 유형(Ideale Typen)으로 나눌 수 있다.

### 1) 죽음은 생명으로부터 완전히 분리되어 있다는 견해

죽음은 감각을 지닌 육체의 해체로 보기에 죽음은 육체의 생명 현상 밖에 있다. 따라서 생명이 있는 존재로 있는 한 죽음은 없고, 죽음이 오면 생명도 감각적 지각도 없다. 이 관점은 개체적 생명을 원소들의 결합으로, 죽음을 물질들의 해체와 원 상태로의 복귀로 보는 원자론자 데모크리토스가 주창하였다. 에피쿠로스는 불멸하는 영혼과 해체되는 육체 간의 결합으로 살아 있는 인간을 보았기 때문에 육체의 해체로서의 죽음을 두려워할 필요가 없음을 강조하였다. 르네상스 시대의 불가지론들이 죽음을 '생명의 종말'로, 유물론적 실존주의자들이 '절대적 부정'으로 무의미, 부조리로 파악한 것은 이런 관점이 계속되고 있음을 보여 준다. 이들이 주장한 바대로 죽음은 그 자체로 생명에게는 결코 경험될 수 없다는 것을 인정하더라도 이들은 생명을 다만 개체적 실존에 국한하여 사회적 범주로 확대하지 않으려는, 유아독존적 유물론적 인간관의 경향성을 가지고 있음을 우리는 지적할 수 있을 것이다.

### 2) 죽음은 더 큰 생명으로 되어 가는 과정이라는 견해

우리는 자연과 계절의 변화나 생명현상계의 변화와 순환, 즉 하루의 밤과 낮, 어두움과 빛의 대립과 조화라는 환경과의 관계지평에서 죽음을 파악해 볼 수 있을 것이다. 이 입장은 만물유전을 주장한 헤라클레이토스에 의해 철학적으로 정립되었고 그는 삶과 죽음의 근저에 더 큰 생명의 원리, 즉 로고스가 있음을 갈파한 것이다.

길가메시 서사시 이전의 고대인간들은 죽음을 개체적 생명의 중지로 보지 않았다. 다만 다른 생명 또는 더 큰 생명으로 변화되는 것으로 보았다. 이는 가장 오래된 종교 전통으로서, 정령신앙, 힌두교, 불교의 윤회사상은 이 입장을 대변해 준다. 윤회사상은 그러나 인간의 정신이 더욱 계몽되면서 여러 형태로 발전되어 간다. 윤회사상을 기반으로 하는 종교의 영성가들은 이제 생성과 소멸의 이면에 무(無), 존재함의 중지, 니르바나(nirbana, 열반)가 있어 이것이 인간생명의 완성이라고 생각하기 시작한다. 이 절대무의 세계는 죽음, 즉 개체적 생명의 종지 이후에 오든, 북방불교에서 가르치듯이 생성과 소멸 한가운데에 있든, 같은 상태를 말하고 있는 것이다. 유럽의 고대사상, 즉 오르페우스교나 피타고라스 등에서 발견되는 윤회사상은 중세 그리스도교의 문화에서는 잠복해 있다가 근대에 와서 쇼펜하우어와 포이어바흐, 니체 등의 철학자들에 의해 다시 부활한 것으로 보인다. 이들은 개체적 생명 또는 자아가 허무, 허상임을 직관적으로 보고 인간을 개체성에서 해방하려고 한다. 불교적 무아관을 통해 공동체와의 나눔이나 인류의 역사성을 강조할 수 있게 되었다. 독일의 비판철학도 이런 맥락을 가지고 사회와 역사 공동체의 의미를 확보하려 한다. 그러기 때문에 이들은 하이데거가 죽음을 새로운 존재 가능성으로 보았다고 비난하였다. 아도르노는 죽음을 경직된 자아 정체성을 깨부수는 정체성의 부정으로 보았고, 현대의 포스트모더니즘은 죽음을 전체성, 동일성, 그리고 이성성의 해체로 보고 있는 것이다. 그리스도교에서도 죽음을 되어 감의 과정에서의 한 계기로 이해하고 있다. 다만 인간을 영혼과 육체로 결합된 실체로 파악하고 있기 때문에 육체의 죽음은 영혼의 죽음으로 이어지지 않고 분리되어 남는다. 플라톤주의와 달리 전통적인 신앙의 관점은 육체의 부활을 믿기에 사후 영혼의 존재상태는 미완성으로 남게 되어, 하느님의 섭리가 완성되는 종말까지 생명의 완성이 보류되어 있다. 독일관념론에서도 죽음은 되어 감의 과정으로서, 개체적 생명에서 해방되어 목적 왕국으로의 변이, 즉 영원한 생명, 본질과 보편 정신으로 되어 감이다.

#### 3) 죽음은 생명 조직화의 내적 원리라는 견해

인간이 죽음을 즉자적으로 파악할 수 없다면 현세적 생명과 존재의 초월적 구조 안에서 한 원리로 파악해야 한다는 입장이다. 유물론적 물질주의자도 관념론자도 정신을 인정하기 때문에 정신의 역동적 운동 안에서 죽음을 더 큰 정신으로의 탄생의 내적 원리로 인정하는 것은 어려운 일이 아닐 것이다. 유대 그리스도교에서 죽음을 죄와 관련시켜 죄의 결과로 보는 전통이 있다. 이는 영적 죽음, 즉 하느님과 소통 불가능으로서의 죽음이다. 하느님의 자비와 죄의 회개를 통해 인간이 하느님과 화해를 이루면 영적 죽음은 극복되고 소통으로 다시 살아나게 된다. 이러한 종교체험은 죽음을 생명 심화의 원리로 이해하는 전형을 보여 준다. 죽음을 생명의 내적 원리로 파악하는 또 다른 예는 죽음을 생명 밖에서 찾지 않고 생래적으로 보는 생철학과 실존철학이다. 프로이트의 죽음 충동 역시 보존적 본성으로 인간의 생명현상 안에 있다. 야스퍼스는 인간이 한계상황을 탈출하려는 시도를 많이 하고 있지만 자기의 실존 안에서 이를 깨어 견디어 내어야만 영원한 지평에 서게 될 수 있음을 강조한다. 한계상황은 인간이 살고 있는 동안 인격적으로 직면하는 고통, 실존과의 투쟁, 죄와 죽음을 의미하고 있어 죽음은 이미 실존 안에서 영원을 계시하는 계기가 된다. 보드리야르(J. Baudrillar)는 죽음을 생명에서 축출하게 되면 생명이 경직된다고 본다. 따라서 생명과 죽음의 가역성을 새창출해 내어 죽음을 통해 생명의 생명성을 회복하려 한다. 바타유(G. Bataille)는 죽음 안에서 생명의 긍정성을 파악하고 있는데 신비주의 체험에서 얻은 직관으로 보인다. 모든 신비체험은 개체적 자아가 무화되고(죽고) 난 후 전일적이고 엑스타시적인 존재로의 탄생에 있다고 한다. 이 신비체험 안에서 죽음은 곧 더 큰 생명으로의 탄생의 원리이다. 레비나스(E. Levinas)가 죽음을 모든 가능성의 불가능성으로 해석하는 것은 개체성의 불가능성을 통해 타인에 대한 책임으로 나아가도록 지시하는 것으로 보인다.

죽음을 생명 조직화의 내적 원리로 보는 여러 형태의 입장은 폐쇄적 자아에서 더 큰 자아로, 개인의 영역에서 사회공동체적 영역으로, 익숙한 관념에서 본질적 생명으로, 시간적인 것에서 영원한 것으로 돌파해 가는 과정에서 죽음을 필연적으로 본다.

이제까지 철학사에 나타난 죽음에 관한 주장들을 세 개의 유형으로 나누어 그 출발점과 내용들을 발전사적 맥락에서 살펴보았다. 죽음을 생명으로부터 분리된 부조리, 무의미, 절대적 부정으로 파악하는 견해는 죽음을 회피하거나 미화하지 않고, 죽음 자체에 대해 즉자적으로 할 수 있는 것이 인간에게 아무것도 없음을 고백하는 진지함을 보여 주고 있는 반면, 주로 이때 죽는 생명을, 해체되어 본래로 돌아가는 물질적 원소로 환원시키고 있다는 측면에서 매우 제한된 인간관을 가지고 있다고 평가할 수 있겠다. 죽음은 더 큰 생명으로 되어 가는 과정이라는 견해는 죽음을 생명의 끝으로 보지 않고 더 큰 생명의 가능성으로 제시하고 있다. 그러나 이 입장은 윤회와 니르바나(열반), 자아와 무아, 동일성과 해체 사이에 어떤 내적 연관성, 또는 상호관계성을 설명하지 않고 있어서 양자 간에 단절과 비약이 발견된다. 이원론적 구조 속에서 비약된 완성을 지시하는 것이다. 마지막으로 죽음은 생명 조직화의 내적 원리라고 보는 견해는 이 비약의 고리에 상호연관성을 보충할 수 있는 장점을 가지고 있음을 알 수 있다. 인간은 죽음을 즉자적으로 체험할 수 없는 조건에서도 죽음이라는 관념을 정신 안에서 삶의 원리로 파악하고 있으며, 이것은 생명현상의 체험에서 직관된 것으로 여겨진다.

## 2. 초월철학에서의 죽음

우리는 위에서 언급한 세 가지의 견해 모두를 포괄할 수 있는 틀로 초월철학의 형태를 생각해 볼 수 있다. 여기서 말하는 초월철학이란 마레샬(J. Marechal) 학파의 철학으로서 토미즘(Thomism)과 칸트주의(Kantianism)를 결합한 코레트(E. Coreth)와 라너(K. Rahner)의 철학을 말한다. 이 초월철학의 관점에 따르면 인간은 인생여정의 중요한 계기가 있을 때마다 자기의 한계를 체험하며 이제까지의 자기를 포기함으로써 새로운 생명의 지평으로 나아감을 체험한다. 이 철학에서는 초월이라는 단어를 칸트가 '경험적' 이라는 인식론적 개념과 상반되는 뜻으로 선험적 관념으로 주어진 것(apriori)을 의미하는 '초월적' 과 다르게 사용한다. 그러나 마레샬 학파는 주체가 자신의 인식과 행위의 한계를 넘어 새로운 지평으로 나아가는 역동적 운동의 경험을 초월경험(transzendentale Erfahrung)이라고 말한다. 모든 새로운 것이 창조되어 나오기 전에 산모의 진통과 같은 죽음이 따른다. 이러한 죽음과 더 큰 생명의 지평으로의 역동적인 초월체험은 죽음을 생명 조직화의 내적원리로 보는 견해를 수용할 수 있다. 생명활동 안에는 이처럼 죽음과 더 큰 생명으로의 탄생이 반복된다. 인간의 지성과 의지 작용 안에서 이러한 정신의 초월이 일어난다. 인간은 자신의 경험과 지식보다 더 큰 진리를 추구하고, 더 큰 자유를 향유하고자 결단을 내릴 때마다 이제까지 자신을 구성한 지성과 의지를 포기해야 하는 죽음을 경험한다. '크게 죽어야 크게 산다'는 선어(禪語)는 이런 초월경험을 말하고 있다. 초월적 역동성 안에서는 죽음이 새 생명을 잉태하는 내적 계기이자 원리이다. 라너의 인간학에 따르면 인간의 초월체험 안에는 지성과 의지 작용 안에서 주체가 자신을 지향하여(ad intera) 자기 한계를 깊이 자각하고 더 큰 세계로 향해 개방하는 계기가 있다. 이와는 반대방향으로(ad extra) 더 큰 세계에 대한 직관적 예감, 또는 선취된 인식이 있기 때문에 자신의 한계를 인정한다고 할 수도 있다. 다시 말하면 한계체험과 개방체험은 동시적으로, 혹은 상호원인적으로 발생한다.

그런데 이런 초월체험은 항상 어느 순간 갑작스럽게 일어난다. 인간의 논리와 의지의 인과관계를 뛰어넘는 어떤 비약적 계기로 체험하게 되는 것이다. 라너가 이를 신학적으로 은총체험, 성령체험, 그리고 신비체험이라 부른 까닭이 여기에 있다. 개체적 인간이 주재하는 힘 너머에서 오는 힘을 인정할 수밖에 없기 때문이다. 이 갑작스런 힘은 아리스토텔레스가 말한 신, 즉 목적인에게서 발현되는 작용인과 동일한 것이다. 또한 자기초월체험은 그 순간 자기를 잃어버리고 더 큰 힘에 감싸여 하나가 되는 일치체험을 동반한다. 초월의 역동성 안에서 자기를 잃고, 혹은 자아가 죽고 더 큰 지평으로 합일된다는 것은 한편으로 헤겔의 변증법적 지양(Aufheben)을 염두에 두고 이해할 수 있다. 다른 한편 헤겔과 달리 초월체험의 방향은 위로, 본질로, 보편만이 아니라 아래(육화)로, 실존(현재화)으로, 구체성(투신)으로도 나타난다. 따라서 초월체험은 은총과 일치체험을 동반하여 더 큰 존재로 되어 감으로 죽음을 전망할 수 있는 가능성을 갖는다.

그러나 개체적 생명을 가진 인간이 초월체험을 통해서 무수히 죽고 더 큰 생명으로 태어났다고 하더라도 그가 체험한 실존적 죽음은 우리가 최종적으로 직면하게 될 절대적 부정성, 절대적 무의미로서의 죽음은 아니다. 실존적이고 사회적인 삶 안에서 초월적 생명의 역동성을 경험하면서 불안과 희망, 죽음과 더 큰 존재로의 탄생의 전망을 원리로 터득했지만 죽음을 앞둔 인간은 아직 한 번도 경험해 보지 못한 세계를 향해 홀로 자신을 마지막으로 투신해야 한다. 이런 면에서 초월체험은 죽음을 생명과는 전혀 다른 단절된 것으로 보는 입장의 도전을 받는다. 이에 대한 응답으로 초월철학은 희망의 지평을 제시한다. 무릇 생명 속에서의 죽음과 더 큰 생명으로의 탄생을 체험한 인간은 언제나 자신의 한계체험 속에서 희망을 가질 수 있다. 그런 맥락에서 보자면 그에게 죽음은 생명과 함께 신이 부여한 최종적인 은총일지 모른다. 즉 완성으로 향하는 마지막 순간일지 모른다. 인간은 이 마지막 개체적 존재의 절대적 부정인 죽음 앞에서 자기 삶에서 얻은 지혜의 결론으로 최종적 희망을 가지고 비로소 떠나게 된다. 또다시, 그러나 최종적으로 더 큰 생명으로, 더 큰 자유로 태어날 것이라는 희망을 가지고. 지성과 의지 작용 안에서 희망을 가지고 죽음을 맞이하는 이에게는 죽어 감이란 최종적인 신비체험이 될 것이다. 자신이 무화되고 하느님도 무화되어, 나와 하느님의 경계가 없어지는 상태가 된다.

이러한 상황을 가장 드라마틱하게 서술하고 있는 이야기가 신약성서의 예수의 십자가상의 죽음이다. 그는 열두 살 때 부모의 품에서 떠나 예루살렘 성전의 사제들과 진리에 관해 토론을 했다고 한다. 세례자 요한이 요르단 강에서 세례운동을 하고 있다는 소식을 듣고 어머니 마리아와 고향을 떠나 요르단 강으로 향한다. 세례를 받으면서 커다란 깨달음과 함께 자신의 삶이 완전히 탈바꿈하게 되는데 성령의 인도로 광야로 향하게 된다. 거기서 그는 인간에게 가장 중대한 세 가지 도전인 물질, 권력, 명예에 직면하고 이를 극복한다. 그의 그 후 삶은 소위 공생활이라 하는데, 이는 자신의 생명을 가난하고, 소외받고, 죄인이며, 병자들, 고통받는 이들에게 양도하는 삶이었다. 그는 "새는 둥지가 있고, 여우는 굴이 있지만 사람의 아들은 머리 둘 곳이 없다"라며 자신의 무소유, 무고착, 무정착적인 삶을 그리고 있다. 이런 비움과 버림의 삶과 동시에 오로지 하느님께 지향하는 자기초월, 자기초극적 삶은 생명 안에서 벌써 죽음을 내재적 원리로 삼아 살고 있음을 잘 보여 준다. 그러나 그의 하늘나라 운동이 실패로 돌아가고 의인인 그가 십자가에 못 박혀 죽임을 당하는 처지에 놓여 있을 때 이미 자신의 양식이 되어 버린, 초월적 삶, 죽음과 새 지평이라는 생명의 원리는 진가를 발휘한다. 십자가상에서 "엘로이, 엘로이, 레마 사박타니?"(나의 하느님, 나의 하느님, 어찌하여 나를 버리셨나이까?)라고 자신의 하느님께 울부

짖었다(마르코 15,34). 인간으로서 가장 처절한 한계를 고백하지 않을 수 없었다. 그러나 그는 이 세상에서 마지막 순간에 "제 영을 아버지 손에 맡깁니다"라고 숨을 내쉬었다. 한계 너머의 초월자이신 그의 하느님께 마지막이자 절대적인 희망을 건 것이다. 자기초월은 일치로 나아간다.

## 3. 죽음과 자아완성

살아 있는 어떤 인간도 죽음 자체, 즉자적 죽음에 대해서 언표할 수 없다. 모르는 것에 대해서는 침묵해야 한다. 그러나 인간의 의식과 무의식 안에는 죽음이 존재하고 생활의 내적 원리로 작용하고 있음도 부인할 수 없다. 이 죽음은 비록 즉자적 죽음은 아니라 하더라도 대자적으로 혹은 직관적으로 생명의 역동성 안에서 터득한 것이다. 위에서 언급한 초월철학은 죽음과 탄생이 어떻게 개체적 존재와 본질적 존재 사이에서 생명의 원리로 작용하는지, 또 이런 대자적 죽음이 어떻게 최종적인 즉자적 죽음과 연결이 되는지를 설명해 줄 수 있다고 생각된다.

우리가 죽음의 문제를 숙고해야 하는 이유는 물론 그 자체가 인간의 가장 본질적인 물음이기 때문이기도 하겠지만, 우리의 정신 안에 근거 없이 두려워하고 회피하려는 경향들을 정화시키고 질서 잡아 주어진 생명활동을 잘 영위하고자 함일 것이다. 죽음에 대한 두려움의 원인은 사람의 인생관이나 가치관이 서로 다른 정도에 따라 다양할 수밖에 없다. 결코 단순하지 않다. 여기서는 죽음에 대한 두려움의 원인을 파악하고 두려움을 제거하는 문제나, 죽어 가는 사람을 돌보거나 위로하는 문제들을 다루지는 못했지만, 이것 역시 죽음의 본질을 연구하는 것 못지않게 중요하다. 이런 문제들은 현대에 와서는 정신의학, 심리학, 상담심리학, 교육학 등에서 연구되고 있다. 1960년대부터 시작된 호스피스(Hospis) 운동은 죽음을 단지 신앙이나 구원과 관련된 개인의 문제가 아니고 사회적 관점에서 접근해야 함을 강조하고 있다. 최근 죽음학(Thanatologie)은 자살, 초상, 죽음에 대한 사회적 가족적 심리사회적 관점에서 연구를 진행하고, 일반인은 물론 죽어 가는 노인, 불치병을 앓고 있는 환자들에게 죽음 교육을 실시하여 죽음에 대한 그릇된 생각과 두려운 이미지를 변화시켜 모든 강제에서 풀려나 자유롭게 살도록 돕고 있다. 플라톤 이래로 '죽어야만 하는 사람의 학문(ars moriendi)' 이라는 분과는 죽음을 가르치는 전통을 이어 오고 있다. 암브로시우스는 "신비적 죽음(mors mystica)" 혹은 "의지에 따른 죽음(thanatos proairetikos)"을 강조하면서 영혼이 감정과 욕정으로부터 정화되어야 한다는 플라톤적 입장을 수용하고 있다. 마이스터 에크하르트는 인간은 죽음에서 자신을 진정 포기하여 더 좋은 존재가 된다고 한다. 페스트를 경험한 중세에도, 예컨대 요한 가일러는 1481년 임종자를 동행하는 것은 모든 그리스도인에게 진정한 우정의 의무라고 가르친다.

죽음에 대한 철학적 사유나 명상 또는 전통 종교의 영신수련

(Spiritual Exercise) 또는 선수련 등을 통해서 절대자, 자아, 그리고 세계(또는 자연)가 분리되어 있지 않고 소통하며, 혹은 일치하고 있음을 체험한 사람이라면 개체적 죽음은 결코 생명과의 분리가 아니라고 할 것이다. 초월체험에서 보여 주고 있듯이 생명과 마찬가지로 죽음은 하나의 선이며 초월의 원리이다. 생명이 개체적 생명의 죽음을 통해 종의 생명을 보존하고 진화시키려는 생물학적 전략을 하나의 실재로 받아들인다면, 인간의 개체적 죽음도 그 이면의 어떤 목적과 관련되어 있음을 인정할 수 있다. 개체적 존재가 소유양식의 태도를 버리고 존재양식으로, 폐쇄적 자아에서 소통적 자아로 개방하면 죽음에 대한 상상은 달라진다. 인류가 가치와 의미로 간직하고 전해 주는 모든 선과 덕들, 우정, 사랑, 예술, 정의, 종교심은 한편으로 죽을 생명이라는 실존적 한계 속에서 이성에 계시된 것이고, 다른 한편으로 그렇기 때문에 죽음을 넘어선 영원의 지평에서 영속하는 것이다. 이런 가치와 의미를 위해 전 생애를 통해 성실히 투신한 사람은 죽음을 환희로 맞이한다 해도 이는 자연스러운 일이 될 것이다. 이 사람에게 존재의 무상성이나 소통의 단절, 인격적 고립은 이미 사라졌기 때문이다. 그에게 살아 있는 동안이나 죽어 가는 순간이나 죽음은 생명의 원리, 영원한 지평을 열어 주는 원리가 된다.

## 참고문헌

• C. von Barlöwen, "Der lange Schlaf", in: *Der Tod in den*

*Weltkulturen und Weltrelig*, 1996.

- A. Hügli, "Tod", in: *Historisches Wörterbuch der Philosophie*, 1998.
- K. Jaspers, *Der Philosopische Glaube angesichts der Offenbarung*, 1962.
- K. Jaspers, *Philosophie*, 1932/33.
- G. Marcel, *Die Menschenwürde und ihr existenzieller Grund*, 1965.
- 김용해, 「죽음의 철학적 함의와 죽음교육의 필요성」, in: 『생명연구』 18집, 2010.

# 참고문헌

Allport, T. *Personality: A Psychological Interpretation*, New York: Holt, 1937.

Austeda, Franz. "Kunst", in: *Lexikon Der Philosophie*, Hollinek, 1989.

Barlöwen, C. von. "Der lange Schlaf", in: C. von Barlöwen(Hg.), *Der Tod in den Weltkulturen und Weltrelig*, 1996.

Chuck Gallagher, Fr. S. J., *Matrimony*(이소우 역, 『기적을 이루는 사랑』, 분도출판사, 1981).

Cornell, Drucilla. *Transformations: Recollective Imagination and Sexual Difference*, Routledge, New York and London, 1997.

Dewart, Lesile. *Die Grundlagen des Glaubens*, übs. von Karlhermann Berger, 1971.

Donceel, J. F. *Philosophical Anthropology*, New York: Sheed and Ward, 1967.

Höffe, Otfried. Bausteine für ein ökologisches Weltethos, in: *Eine Welt-eine Moral?: eine kontroverse Debatte*, hrsg. von Wilhelm Lütterfelds und Thomas Mohrs., Darmstadt, 1997.

Hügli, A. "Tod", in: J. Ritter(Hg.), *Historisches Wörterbuch der Philosophie*,

Schwabe & Co. AG · Basel, 1998.

Jaspers, K. *Der Philosopische Glaube angesichts der Offenbarung*, Piper, 1962.

Jaspers, K. *Philosophie*, Berlin: Springer, 1932/33.

Küng, Hans. *Weltethos für Weltpolitik und Weltwirtschaft*, München u.a. 1997.

Lotz, Jean Baptiste. *Die drei Stufen der Liebe*(심상태 역, 『사랑의 세 단계』, 서광사, 1985).

Marcel, G. *Die Menschenwürde und ihr existenzieller Grund*, Frankfurt a.M. Knecht, 1965.

Marx, Karl. "Die Entfremdete Arbeit", in: *Ökonomisch-philosophische Manuskripte aus dem Jahr 1884*(MEGA2, 1932).

Mead, George H. *Mind, Self, and Society*, The University of Chicago Press, 1934.

Müller(u.a.), A. "Kunst", in: *Historische Wörterbuch Der Philosophie*, hrsg. Joachim Ritter, Schwabe & Co. Verlag, 1976.

Panikkar, Raimundo. *Religionen und die Religion*, München, 1965.

Pieper, Joseph. *Leisure: The Basis of Culture*, St. Augustine's Press, 1998.

Rahner, K. *Grundkurs des Glaubens*, Verlag Herder, 1984.

Rawls, John. *A Theory of Justice*, Revised Edit, 1999(황경식 역, 『정의론』, 이학사, 2003).

Ricken, Friedo. *Allgemeine Ethik*, 제4판, 2003(김용해 역, 『일반윤리학』, 서광사, 2006).

Schneiders, Sandra M. "Spirituality in the Academy", in: *Theological Studies 50*, 1989.

Schneiders, Sandra M. "Theology and Spirituality: Strangers, Rivals, or Partners?", in: *Horizons 13*, Fall 1986.

Spaemann, R. *Moralische Grundbegriffe*, Beck'sche Reihe, München, 1994.

교황 요한 바오로 2세, 『사랑과 책임』, 김율 역, 누멘, 2010.

교황 요한 바오로 2세, 『사회적 관심』(*Sollicitudo Rei Socialis*), 1987.

교황 요한 23세, 『지상의 평화』(*Pacem in Terris*), 1963.

김용해, 「손병희의 '무체법경'과 조지 허버트 미드의 '정신, 자아 그리고 사회'」, in: 『동학학보』 10권 1호, 2006.

김용해, 「인간은 노동을 통하여 자신을 실현하는가?」, in: 『철학연구』 98권, 2006.

김용해, 「인간 존엄성의 근거: 종교적 실존」, in: 『동학학보』 11권 2호, 2007.

김용해, 「죽음의 철학적 함의와 죽음교육의 필요성」, in: 『생명연구』 18집, 2010.

김용해, 「현대 영성의 초월철학적 이해」, in: 『가톨릭철학』 10호, 2008.

김지하, 「나는 밥이다」, in: 『동학이야기』, 솔, 1994.

루이 보댕, 『지성인』, 민희식 역, 을유문화사, 1969.

박영신 외, 『한국의 청소년 문화와 부모관계』, 교육과학사, 2009.

「성 윤리상의 특정 문제에 관한 선언」, 교황청 신앙교리성, 1975.

스탠리 그렌즈, 『성 윤리학』, 남정우 역, 살림, 2003.

신상기, 「동아시아 금융, 외환위기의 원인과 향후과제」, in: 『서울사회경제연구소 심포지움』, 2001년 3월.

아리스토텔레스, 『니코마코스 윤리학』, 최명관 역, 서광사, 1984.

장휘숙, 『발달심리학』, 박영사, 1987.

최시형, 「해월신사법설」, in: 『천도교 경전』, 제3판, 천도교 중앙 총부, 1998.

표영삼,「해월신사의 생애」, in: 『해월신사 순도 100주년 기념』(한국사상 제24집), 1998.

프리도 릭켄, 『고대 그리스 철학』, 김성진 역, 서광사, 2000.

히라카와 히토시, 「IMF 충격과 한국 경제의 전망」(장인순 역), in: 『30주년 기념특집 4-해외 특별기고: 세계 연감 1998』, 한국 브리태니커 온라인, 1998.

# 찾아보기

**ㅊ**



**ㅋ**



**ㅌ**



**ㅍ**